U0360280

价值钟摆

投资框架指南

王树阳　著

上海交通大学出版社
SHANGHAI JIAO TONG UNIVERSITY PRESS

内容提要

本书为读者提供了关于投资的思考框架指南，以全新视角深刻剖析了投资成功的奥秘，从复利思维角度，强调了价值为本投资策略的重要性，充满了对投资的哲学思考。书中详细分析了多种投资方法的核心思想和局限性，剖析了价值的来源，浓缩了与投资有关基础知识的精华，重点从市场、宏观、行业、企业、价值五个维度来梳理思想框架。书中还介绍了如何走出股市迷宫，如何处理投资思想上的冲突，如何选择适合自己的投资策略，如何挖掘企业未来成长价值，如何规避价值陷阱，如何高效地学习投资等，并提供了实用的技巧，助力投资者进行高效的资产配置和风险管理。本书适用于职业投资者、金融从业者、金融 MBA、EMBA 的学生阅读参考。

图书在版编目(CIP)数据

价值钟摆：投资框架指南 / 王树阳著. -- 上海 ：
上海交通大学出版社，2025.4. -- ISBN 978-7-313-32128
-2

Ⅰ. F830.59-62

中国国家版本馆 CIP 数据核字第 2025EJ4423 号

价值钟摆——投资框架指南
JIAZHI ZHONGBAI——TOUZI KUANGJIA ZHINAN

著　　者：王树阳
出版发行：上海交通大学出版社　　　　　地　　址：上海市番禺路 951 号
邮政编码：200030　　　　　　　　　　电　　话：021 - 64071208
印　　制：苏州市越洋印刷有限公司　　　经　　销：全国新华书店
开　　本：880 mm×1230 mm　1/32
字　　数：194 千字
版　　次：2025 年 4 月第 1 版　　　　　印　　张：8.375
书　　号：ISBN 978 -7-313-32128- 2　　印　　次：2025 年 4 月第 1 次印刷
定　　价：98.00 元

献给我亲爱的女儿王语潇

愿你终身学习并养成复利思维的好习惯

选择与伟大企业共成长

成为更好的自己

序一

作为复旦大学国际金融学院的一员,我始终关注着国内外金融理论与实践的发展动态。王树阳先生的《价值钟摆——投资框架指南》一书,正是近年来少有的将深邃投资哲学与实战方法论融会贯通的佳作。该书不仅为投资者提供了一套完整的分析框架,更以独特的"价值钟摆"视角,重新诠释了价值投资的动态本质,令人耳目一新。

创新性与理论深度

本书的创新性首先体现在"价值钟摆"这一核心概念的提出。树阳将价值比作钟摆,强调其并非静态的固有数值,而是随市场环境、宏观周期、行业变迁与企业生命阶段不断摆动的动态存在。这一隐喻,突破了传统价值投资理论对"内在价值"的固化认知,更贴合真实市场中价值与价格的复杂互动规律。书中从市场、宏观、行业、企业、价值五个维度构建的"投资地图",既是对经典投资理论的系统性梳理和整合,也是对不断变化的金融生态的精准刻画。

例如,作者将技术分析与价值投资的矛盾,统一于"投影源与投影"的哲学思辨,既尊重不同流派的合理性,又为读者提供了多维验证的实战路径。

实践指导与工具价值

本书的另一个亮点在于其实践导向。树阳结合二十余年投资经验,不仅剖析了投机与投资的本质差异,更提炼出适用于不同市场环境的策略工具箱。无论是"否极泰来"的择时艺术,还是"无限游戏"的长线思维,均以案例与逻辑双线展开,兼具思想高度与实操细节。书中对风险管理、资产配置的论述尤为精辟,强调"风险管控是复利增长的根基",直面人性弱点与市场周期的挑战,为投资者提供了穿越迷雾的指南针。

学术与市场的桥梁

作为教育工作者,我尤为欣赏本书对金融教育的贡献。作者以深入浅出的语言,将复杂的市场规律,转化为可习得的认知框架,既适合职业投资者精进技艺,也为金融学子搭建了从理论到实践的桥梁。书中对宏观周期、行业赛道、企业壁垒的分析,不仅展现了跨学科视野,更呼应了中国资本市场的发展脉络,例如对"碳中和"背景下产业变革的前瞻洞察,极具现实意义。

树阳的文字,既有哲人的冷峻,又不失实践者的温度。他坦言"技术可教,心路难传",却以真诚的笔触,将投资心法娓娓道来。无论是献给女儿的复利思维,还是对"以股修行"的终极追问,皆传递出投资之道的本质——它不仅是财富积累的技艺,更是认知自我与世界的修行。

《价值钟摆》是一部值得反复研读的著作。在信息爆炸而共识稀缺的当下,它为投资者提供了一份理性导航图,亦为中国资本市场的成熟化进程,注入了思想动力。推荐每一位志在长期主义的金融从业者与学子,将本书置于案头,常读常新。

钱军

复旦大学国际金融学院金融学教授、执行院长

2025 年 2 月

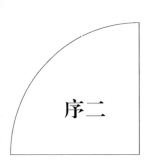

序二

投资如航海，迷雾中需有坚定的罗盘指引方向，王树阳先生的《价值钟摆》恰似一盏明灯，为在股市迷宫中探索的投资者，照亮了价值投资的本质与路径。作为践行价值投资二十余年的从业者，我深知这一理念的深邃与挑战，而此书以系统化的框架与洞见，为长期主义提供了扎实的注脚。

价值投资的精髓在于"与时间做朋友"，而本书从市场、宏观、行业、企业、价值五个维度，层层剖析了如何识别真正值得长期持有的伟大企业。作者强调的"复利思维"与我多年倡导的"时间的玫瑰"，不谋而合——唯有选择具备持续增长潜力的优质资产，才能在时间的复利中，收获财富的指数级成长。书中对市场周期的深刻解读、对行业赛道的精准研判，以及对人性弱点的坦诚直面，均展现了作者深厚的实战积淀与哲学思考。

在投机盛行、噪声充斥的当下，许多投资者迷失于短期波动，而本书以"价值钟摆"为喻，揭示了价格终将回归价值的底层逻辑。正如作者所言，"投资是认知的变现"，唯有建立稳定的投资框架，方能穿越牛熊，抵御贪婪与恐惧的侵蚀。书中对

"知行合一"的强调，更是直击多数人亏损的核心——投资不仅是知识的积累，更是心性的修炼。

《价值钟摆》既是一本投资方法论指南，也是一部投资哲学沉思录。它提醒我们，真正的财富源于对本质的坚守，而非对泡沫的追逐。愿每位读者借此书之力，在价值的长河中锚定方向，与伟大企业共成长，收获时间馈赠的丰厚回报。

但斌

深圳东方港湾投资管理股份有限公司董事长

2025 年 2 月

序三

　　我与树阳相识多年，去年金秋十月，曾向其请教二级市场投资之道，促膝长谈，得知有新作付梓，承蒙多年情谊，相托之下，欣然提笔作序。

　　树阳之名，早在上一轮牛市中，便如雷贯耳，以果决敏锐风格叱咤市场，历经数轮牛熊更迭的淬炼，既有锋芒毕露的辉煌，亦有蛰伏沉思的沉淀。自2017年起，他潜心研读经典，将数十年实战心得，与哲学思辨熔铸一炉，凝练成《价值钟摆》一书。该书既是其投资生涯的注脚，更是一份馈赠给后来者的智慧箴言。

　　我和树阳，分属一、二级市场的从业者，原以为投资逻辑"水火不容"，然通览全书，方知二者本质殊途同归——对商业本质的敬畏、对价值内核的追寻，始终是投资世界的底层共识。尤为可贵的是，此书未囿于技术窠臼，而是以宏大视角，构建投资框架，直指本质：

　　其一，**长期主义为舟，价值为锚**。股票非代码，实为企业股权，唯有穿透市场噪声，以实业视角，审视企业生命力，方能锚定真正的价值。

其二，**多维解构价值，动态审视周期**。书中从价值的多重维度，揭示价值本质。投资者常陷于认知迷雾，根源正在于对价值波动周期，缺乏敬畏。

其三，**择时与选股并重，人性与理性共存**。即便选中优质企业，若入场时机错位，亦难逃时间成本的消磨。而投资方法论更需与个人心性契合——有人善守，有人善攻，唯有将体系融入生活，方能行稳致远。

在信息平权的智能时代，认知差易平，但心性关难破。树阳以躬身践行的姿态，诠释了"知行合一"的境界。《价值钟摆》此书，恰似一柄利刃，剖开市场幻象，亦如一盏明灯，照亮理性投资的长路。

资本市场潮起潮落，唯敬畏与智慧永恒。愿此书助诸君在波谲云诡中，寻得属于自己的那片港湾。

董占斌

青松基金创始合伙人

2024 年 2 月

前言

未来三十年,我将人生理想概括为"以股为生、以股修行、以股会友",对物质、精神和社会属性的追求,全部统一在股市里了。

以股为生梦想虽好,入门也容易,但实现长期稳定盈利不易。股民普遍没有经历过系统化训练,更没有稳定投资框架体系,甚至分不清投资和投机的差异,就入市交易。尽管交易本是人类社会中非常普遍的行为,但遗憾的是,几乎全球所有高校都不将交易作为一门必修课,股民只好通过自身实践,用血淋淋的亏损,到市场去交学费。但交易路上必经的贪婪、自负、迷惘、疲惫、焦虑、痛苦、恐惧、绝望等人性测试,所带来的心灵之痛,绝大多数人难以承受,遭遇持续亏损,心态过不了关,进而对投资也产生误解,导致大部分股民在股道求存的心路历程中误入歧途,离价值为本的投资之道渐行渐远。

以股为生,也并非普通人不可企及的梦想,但要实现这一梦想,需要做"十年磨一剑"的准备。首先,认知要提升,有判断对错的基本逻辑,并稳定自己的投资框架,坚持做对的事情,通过刻意练习,持续把事情做对,但"认知"仅是第一关;其次,要养成好心态,过"心性"关,特别是在投资框架体系内理性做事情,接受现实结果与预期冲突所带来的心理上的抗压考验;最后,要长期以股修行,让投资观与投资行为,真正能够"知行合一"。三关均过,确实很难,但每一段心智成熟的历程,均需要走一段少有人走的路。任何竞争领域,成功者都需要经历一段艰难岁月。篮球运动员,往往需要从儿童时期开始训练,经过十多年的培训形成肌肉记忆,才能参加职业比赛,甚至包括医生、律师等高收入行业从业者,也需要十多年学习训练,才能独当一面。真正理解并接受了这一点,对股市上所遭遇的暂时困境,也就不会再耿耿于怀,对梦想不会再望而却步。

以股为生,除了需要梦想力量的支持,还需要一份"地图"来指引。特别是当你足够努力学习,也持之以恒多年,但还是在股市中赔了钱,很有可能仅仅是因为缺乏一张地图或正在使用错误的地图。市场中永远充斥着海量杂音,信息和知识真伪难辨,流传的投资方法良莠不齐,参与者普遍存在时间迷思,而且股票价值如同钟摆摆动并不静止,让股市像座迷宫,难以找到出口。即便有关于股市迷宫内部的真实描述,也是仁者见仁,智者见智。我的观察和描述,也只能是在某几个视角下的思想整理。那该如何过滤股市海量信息、排除杂音干扰?如何聚焦于股市投资的思考重点?如何稳定自己的投资框架体系?该向谁学以及如何有效学习?都是每一位怀揣以股为生梦想的投资者所必然面对的共性问题。

本书最初是想写给我的家人，引导其思考投资，帮助梳理知识框架，建立投资体系，后来将大部分要点内容作为我的股修班学生的教材，以期起到投资地图的作用。本书从投资者所必经的思想困境开始，整理一名股市幸存者的心路感悟，以帮助理解，为何最终应当践行的以价值为本的长久投资之道。本书重点从市场、宏观、行业、企业、价值维度来梳理思考框架，对股市迷宫中的"重点建筑物"予以标注，以此作为重点参照物，铺就一张投资地图，并通过对知识精华的提炼和剖析，作为对重点建筑物的扫描，以丰富观察股市迷宫的细微视角。本书还就股市投资学习方法的有关问题，给出具体建议和指引。本书所思所想，是认知历程中的重点、标注和提纯，是心路历程的回望、收拾和整理，主要供那些开始觉醒，并做好改变准备的有缘人阅读，帮助了解股市如何运作、价值如何摆动。

技术可以教，心路无法教，知识可以传播，经验无法传播。况且，我的经验，未必如同你的体验。写作本书，并非要劝说新手入市，更不是分享我的成功经验，也没有要取悦读者的意图。本书纯文字表述，假定读者已经具备相关基础知识，所以初读可能略有晦涩。当然，如果你一直寻找的答案，在其他地方已经找到，或者在寻找过的地方能够找到，就不用借鉴我的投资观。希望本书能有助于梦想以股为生的股友，早日找到股市这座迷宫的出口，走出困境。

最后，以股为生，始终不忘以股修行，拿起本书，即是缘分，期待以股会友。我的邮箱 wsydsh@126.com，欢迎与我联系。本书同名抖音号 Jzzb2025 也会定期互动分享。

王树阳

2024 年 9 月 8 日于上海

目录

困 境

CHAPTER 1

第一章

滋生错觉

股市是一个进入门槛很低的地方，进入相当容易。可以说，在职场基本找不到比股市更自由、灵活、低门槛的工作。不需要职业资格，不需要求人托关系，不在意求职者的外貌、年龄、家庭背景，没有学历限制，不受天气和工作地点影响，开立股票账户对成年人几乎没有限制，在线申请即可完成，买卖操作点点鼠标或按钮就可以，足不出户即可实现股市交易。在阶段性个人运气加持或大势走牛的环境下，道听途说也能赚钱的经历，容易滋生抄作业就能致富的错觉，让人误以为已经找到股市取钱的钥匙。进入股市的低门槛、操作的简易性、不劳而获的快感，会产生股市赚钱很轻松的幻觉，导致大部分股民并没有充分学习和训练就入场交易，直接上路，在股市"无证驾驶"。特别是在牛市，胆大的可能比专业的收益率更高，业余可以战胜专业，专家不如炒家，犹如无证驾驶的新手，猛踩油门在高速公路狂奔，产生不停超越老司机的快感，误以为自己车技不错。一般成事都是先知后行，但股民入市，常常是先行后知，用亏损支付过于昂贵的学费。

股市买卖操作很简单，但是长期生存获利却不容易。股市是一座有关金钱和人性的社会学校，这个地方，"宽进严出"，入学新生很多，毕业生却很少，淘汰率很高。涨涨跌跌，最后真正能顺利从股市这所学校毕业的,只是少数幸存者,多数新生会以亏损缴纳昂贵学费。交易是人类普遍的行为,但没有一所高等院校会传授股市交易技巧,股民只能通过实战和自学,在股市战场上去完成自己的学业。股市投资需要投入资本,但如果只投入资金而没有学会本领,市场会用套牢的痛苦让你亏损离场。想要从股市这所社会大学顺利毕业,就必须练好投资本领。

认知变易

进入股市前,本以为学好金融知识就能做投资;实战之后,以为练好交易技术就能赚钱;亏钱之后,转向研究企业基本面,以为只要长期持有研究透的好企业的股票就能稳定获利,但股市实战结果的反馈,通常会导致自身对股市的认知发生改变。究竟该与市场共舞,进行短期投机,还是与企业共生,进行长期投资,会困扰绝大部分的股民。关于投机和投资的道路选择,认知摇摆不定,曾经让我很难抉择。困惑源于股民常见感受,赚大钱的股票总是买得太少,不赚钱的股票总是买得太多;当相信未来时,未来就结束了;幸福的日子常常不超过三天,痛苦的日子常以月计;市场总会给你一个理由,让你在黎明到来时,放弃曾经一再的坚持;当你懂得坚持时,持仓的股票却坚持不涨。

股市投资,毕竟是实证大于一切,短期投机交易也好,长期价值投资也罢,或者是中线价值投机,主要目的都是求存。无论新手还是专业老手,都在通过试错,用神农尝百草的毅力,花费无数宝贵时间,学习股市相关的知识,试图寻找到在市场取胜的方法,并通过实战加以验证。投资观念经历洗礼,会发生颠覆、反复,思想也会发生冲突。即便是对同一思想表述,同一个人在不同时间,也会有不同的理解和看法。物理学家曾说,如果谁没有对量子论感到困惑,那他就没有理解量子论。同理,如果谁不对股市投资感到困惑,那么他也就没有理解股市投资的本质。困惑无法避免,结果反馈导致认知经常变易。认知变易,从负面角度解读,投资者将失去稳定的参照系,因失去自己的方位感而更加茫然;从正面角度解读,困惑来自对冲突矛盾的深思,再进一步展开对矛盾点的思辨和重新认知,认知变易也可以理解为认知升级。投资结果的成败,最后还是取决于在思想层面,你是否比其他同类参与者有着更为深刻的领悟。

悟道不易

一入股市深似海,股海无边。大众要么生活在想象、直觉和个体经验里,要么生活在思想家为我们构筑的思想通道里,好学的股民,大多经历过多种思想体系的夹击。股市主流投资思想,有基于企业经营数据和成长性分析,以未来净现金流贴现为估值依据的企业价值流派;有基于历史交易量价数据和市场心理分析,以理性博弈为交易策略的技术流派;还有基于大数据统计规律,以克服人性弱点、感知力和执行力局限,而科学进行程序化交易的数量学派等。每一流派都有成功偶像和众多信徒。因数量学派对从业者门槛要求高，一般股民难以涉足，不懂高等数学或统计学者无法入内。关于交易技术流派与企业价值流派，前者直观感受价格趋势力量，主张与市场共舞，后者注重感受企业生长力量，主张坚守长期价值。

股市学习和训练，还要解决向谁学、如何学的问题。有关股市和金融的书籍，我也买过不下千本，回头来看，真正优秀能给人以启迪的作品，不过 2%。大部分书籍都在试图推荐一种"战胜市场"的方法，或总结历史经验，或引用未来函数，形成似是而非的结论，很多方法并没有经过实际市场完整测试，无严密逻辑推理和科学论证。从书本学习，筛选教材就需要耗费巨大精力。市面上一些富含深刻思想的书籍，其内容除非读者已经拥有相当充分的知识储备和多年的市场感悟，否则根本无法了解作者要表达的深意。股市书籍，通俗具体的，往往不深刻，有深刻思想的，往往抽象不通俗。很难找到一本可以避免无谓浪费时间，具有稳定知识框架与稳定获利诀窍的教材。我尝试写一本，也只能是对股市稳定获利基本观念与常识做些整理。

股市悟道不容易。首先，人的寿命是有限的，必须在有限时间内找到股市这座迷宫的出口，不能盲目试错。其次，人是生活在三维空间的生物，其先天感知能力把我们自己限定在三维空间，大部分人只能依靠我们的眼、耳、鼻、舌、身去感知这个现实世界，只具备三维认知能力和身体感知能力，更相信眼见为实，无法以更高维度视角去思考"真实"，在认知上难以穿越时间的迷雾。就像蚂蚁只有二维思维认知能力和身体感知能力，当它被圈起来的时候，只能局限在一个平面上，不知道怎么从圈中走出来。就像被困在水中的鱼，水平面之上的风吹雨打造成的涟漪，鱼儿只能观察现象，无法理解原因。股市投资者生活在三维世界,在股市游戏中,很难理解现实结果的对或错是时间的函数。最后,人类对物质的贪求,让我们不愿意接受慢慢变富的自然增长,想人为地去加速。贪欲,会使潜意识颠倒行为和目的之间的因果关系,"人"和"为"两个字加起来是"伪",人为的反义词是自然,当股市人为事物越来越多的时候,我们离那个自然的道就会越来越远。很多人在股市做模拟盘会比实盘做得好,就是因为实盘有关利益,受到贪欲的影响多。

股市悟道在认知上面临三重困难,对企业未来业绩走向预测,对市场给予公司估值预判,对人性弱点的克服,至少关系到企业(客体)、市场(现象)、人性(主体)三个重要变量。对企业业绩判断,除了必要的企业管理、财务管理、营销知识基本功外,更为重要的是敏锐而前瞻的商业判断力,对未来商业价值和竞争格局的深刻洞见。而前瞻能力的培养,并非学院教育可以实现,更取决于对社会发展规律的观察和感悟。市场定价机制也极为复杂,股价有时与企业业绩并不同步,即使能准确判断企业业绩的增长,也依然可能无法赚到钱。企业内在价值,是用来理解价值投资理论的一个虚构概念,并非企业内在客观存在的一个确定数值,在不同阶段,内在价值会以复杂方式对不同行业的企业、不同生命周期的企业进行差异化定价,时而溢价,时而折价,价值本身如同钟摆摆动。即便对市场定价判断准确,也还要面临克服人性弱点的考验。你准确预判某个股票明天就会大涨,但你并没有立刻出手;你曾认为茅台是个伟大的公司,但可能你并没有购买其股票,或者买得很少或很快卖出;你也曾准确预测过未来伟大的企业,但仍未从其身上赚到大钱。类似的窘境,在股市中并不鲜见。

知行不一

知与行存在巨大鸿沟,懂未必会,会未必好。有效减肥方法很多,街上胖子依然不少。王国维曾总结,成事者要经历三重思想境界。第一重境界,独上高楼,望尽天涯路;第二重境界,衣带渐宽终不悔,为伊消得人憔悴;第三重境界,众里寻他千百度,蓦然回首,那人却在灯火阑珊处。股道求存的思想历程,同样经历这三个阶段。除了登高望远,学习有效知识,聚焦思考重点,还需要通过刻苦训练,执行一套学习知识和管理自我的计划,完成严格遵守计划的心性修炼,以避免与生俱来的情绪化干扰。将提升后的认知能力,转化为一种行动能力。要到达第三重境界,关键先要闯关前两重,即便在丢掉大部分投资本金的情况下,也要面对自我,保持自信,为此经历"人憔悴而终不悔"的阶段。否则,即便你熟读本书,学遍投资大师的亲笔著作,也不能保证成功。正如了解乐理并不足以成为音乐家一样,钢琴演奏者只有不断练习,才能成为钢琴家。

认知升级只是一个开端,在以股修行的过程中,只有逐渐将捕捉市场机会的理性智慧,转化为一种行为直觉,才有可能迅速把握市场的先机,达到知行合一。在通向成功的道路上,需要一段很长的行为修正、克服自我人性弱点的过程。除了每天坚持不懈地训练和专注忘我的精神,在观察市场、理解市场的同时,还要了解自我。忠实持续地记录交易前后的思想考量、感情变化、市场环境。

观察自我情绪和市场情绪的变化如何影响投资结果,揭示自我对待风险的本能,并依靠自律不断克服实现进阶,适应生理和心理的各种变化,持续刻意练习,不断修正行为。NBA 篮球明星的投篮命中率,最终的决定因素是千万次训练形成的肌肉记忆,技巧和姿势只是辅助而已。千百年来,谁都懂得如何将油倒入瓶子,但只有一个卖油翁,能够流传千古。

以股修行,在心路历程上需要经历三个关键突破点。第一,失败是成功之母,赔过一次大钱,产生对市场的敬畏;第二,成功是成功之父,赚过一次大钱,产生对自己的自信心;第三,自律是成功之师,独立思考,保持耐心,循环执行、总结、验证自己的投资框架体系。股市投资最大的魅力,就是既具有随机性,又隐藏着秩序。如果你够努力,持续钻研就可能探究到股市隐藏的秩序,赚到你想要的钱。如果你放弃,那亏损就是永久性的。如果付出足够努力,未来就会变得越来越清晰可靠,终究会走出困境。

股市技术可以教,但心路无法教。成功本身,或者说每个人自身运程分布,也有周期。即便是最优秀的投资者,也有陷入人生低谷的时候,在人生的低谷期,如何在痛苦中反思,以获得持续进步的能力,不仅关系到投资者性格和思维习惯的问题,也关乎自己对待人生的观念和态度。从某种角度讲,成功卓著的投资者,的确需要某种早已写入基因中的天赋,来缩小知与行的鸿沟。

渐

悟

第二章

有限的认知

股市"参与者的偏见会让数学模型失效,因为数学无法量化人类的非理性"。[①] 即便是数量学派的信徒,也必须承认,在特定时间段,人类只能小部分认知股市价格波动的奥秘。人类是生活在三维世界的生物,受人类自身感知能力和思维能力的局限,对外部世界,只能有限度地认识和利用。在更高维度的思维世界,即便存在根本性的规律和秩序,人类也只能在身体感知能力范围内感知其投影的存在。三维的呈现,是四维各类投影的重叠,构成我们各自感知到的存在。拿股市来说,未来股价是否涨,是四维时空的奥秘,三维的呈现,就是两张表,一个是包含企业经营信息的财务报表,一个是包含量价互动关系的走势图表。报表和图表,都是股价上涨源在三维感知能力内的投影。投影都来自投影源,而在不同的投影里面同一事物所呈现的像,是完全不同的。我们希望探究股价增长的奥秘,只有进入投影源,才能看到投影像的所有逻辑关系在投影源里面的本质关联。对投影的信息解读,在我们只有三维感知能力的有限条件下,只能试图接近背后的实质,但永远无法真实反映投影源,我们也不应存在这样的奢望。由于人类心灵先

① 见乔治·索罗斯《金融炼金术》(George Soros, The Alchemy of Finance, 1987)

天框架和潜意识默认模式的影响，认知总是在一定程度被扭曲。西方哲学的巅峰康德认为，"物自体"（人感观之外的客观存在）在彼岸，"现象"在此岸，真理与现象之间，存在无法逾越的鸿沟，只能认知现象，而无法认识本质。现实中的认知，是有局限性的。也就是说，在身体感知能力受限的情况下，我们无法真正进入投影源。作为具有更高维度思维认知能力的高等生命，如何把三维密闭体里的事物提取出来，尝试以高维度的思维视角去解读三维的呈现，其核心机理是投影的共振叠加，就是寻找共性，观察投影的共振叠加态，选择呈现简单关系中更可能接近投影源本真的那部分去认知，是认知升维的实现路径。

股市投资者进入股市，首要目的是求生存，绝不是追求真理。我们不企图，也没有能力去把握金融市场的全部规律，必须承认自己在某些时候的无能。有所为，必须有所不为。投资实践上只参与那些可认知的部分，作为我们投资实战的基础，放弃不可认知的部分。

尽管认识是有限的，但我们的思维认知能力，不能只停留在三维思考层面，不开启高维视角，在股市生存不过是一个妄想。爱因斯坦提出了相对论，证明思维认知能力可以超越身体感知能力。以超越三维思维认知能力的视角，解读三维身体感知能力的所感，尽管有些困难，但可以通过哲科思维训练，提升思维能力。如何进行高维思维训练，在纯逻辑的数学领域，我们可以得到一些启示。当我们面对代数中四个变量的解析时，我们使用的方法，是公式相减，其实就是降维处理。数学原理没有改变，每多一维，只是多了一个变量。把四维问题变成三维问题，把三维问题变成二维问题,把二维问题变成一维问题,求解就相对容易得多。这就是为什么价值投资学派只聚焦于企业价值的研究,其本质是将股市复杂的多维问题降维成一个一维问题,这样在股市中相对更容易取得正解。

不同流派的投资思想,在预测股价时,常得出不一样的结论,指导思想容易产生冲突。就股市而言,不同的投资理念和方法,无论是反映企业价值的财务报表,还是反映市场交易的图表,都只能反映时空的一个片段,都是投影。从这个角度,无论是从企业价值角度的基本面分析,还是市场趋势和心理角度的技术分析,去寻找未来股价的答案,都是对投影的一种信息解读方式,没有优劣之分。我们在复杂的投影里面去寻找不同,其实没有任何意义,把我们的精力分散在不同的像和像所呈现的复杂关系上,只能让我们在思维冲突中消耗生命。我们应该不执着于任何一个表象和立场,尊重一切存在的时空合理性,尊重每一个投影独有的特征,寻找不同投影中相同的部分来相互印证。具体到股市应用,把企业价值判断放到市场理解中去审视,求同尊异,可以帮助我们稳定获利,并规避重大失误。当我们看到投影的相同之处时,再去理解不同的投射方式、方法,就会尊重每一种解读方法。每一种解读方法都有它的意义,而它们之间的本质关联,已经不是方法的差异,而是它们之间的共性。悟透这一点,有关投资思想的流派之争,就毫无意义。在思想认识上的冲突,就得以消解。当我们再听到技术分析无用,或者价值投资不靠谱时,就知道言者处于盲人摸象状态之中,即便他在实务中非常成功,也只是把一种方法研究得更加透彻和细腻,并用自律和选择规避掉不可知的风险,相当于在股市操作实践上，做了降维处理。

　　人类只能在特定时空背景下了解世界局部的客观规律，这是我们进行投资实践活动时，必须建立的根本性投资观，也是投资取得成功的根本前提。

无限的游戏

　　股市投资究竟应当玩短线投机交易，还是长线价值投资？不同投资者，或者同一投资者在不同时期，体会不一样。我本人在二十多年的投资生涯中，也经历过短线、中长线、超短线、长线的操作风格反复，最终选择了超长为主、超短为辅的操作风格。风格的变化，一方面是因为市场不会让某一种风格在任何时期都有利；另一方面，在认知升维进化中，如何看待并选择股市的玩法，是把它当成有限游戏来玩，还是无限游戏来玩，也会造成风格的变化。竞技游戏的玩法主要有两种，一种是有限的游戏，有明确的终结时间，以取胜为目的，竞技结果出来了，游戏就结束了；另一种是无限的游戏，以延续游戏为目的。有限的游戏，在边界内玩，无限的游戏，玩的是边界。短线投机是有限的游戏，很快仅有一个终局，长线价值投资更接近无限的游戏，不仅游戏延续的时间长，而且每一个"结局"，都能作为一个新的起点。如果计划在股市生存到九十岁，能一直玩下去，就必须选择把股市作为无限游戏的玩法。如果只是想抓住当下风口，利用时机获利，股市就是有限的游戏，输赢结果一出，游戏就结束了。不理解两种游戏的玩法，就是不懂游戏的规则,很难在股市中长期生存。

人性中,有对物欲的贪求。正常思维习惯都喜欢赚快钱,以满足快感。很多人没有训练过炒股,就喜欢模仿超短线,想以资金的高周转,来实现赚快钱。加之现代社会信息传播很快,在赚钱效应流量吸引下,人们对各个阶段业绩冠军的言论和行为趋之若鹜,试图模仿学习一种可以快速成功的方法。年轻时,我经历过财富快速积累的阶段,也经历过极端行情下的措手不及和深深伤害。在那段狂热的日子里,所幸尚存的敬畏心,帮助我保留了部分胜利成果,让我有机会在股市继续生存,让游戏可以延续。回望中国股市三十几年,那些曾经的交易明星,有的隐姓埋名,有的身陷囹圄,甚至有的已不在人世,也有的已经无法继续通过股市交易来生存。时至今日,我并没有贬低各类交易冠军以及短线玩法的意思。任何一个领域,哪怕只是拿到一个全校冠军,都不容易。每一年的股市冠军,都是时代的幸运儿,当期最优市场风格的轮动,与其个人风格恰好吻合,达到"天人合一"的状态,自然就一战封神。冠军们也许并没有做错什么,只是选择了有限游戏的玩法,或者,曲终人散,那时的游戏已经结束了,市场已经不再是当时的市场,但他的思维,还停留在过往的高光时刻。过往经历,让我明白,卓越的目标,绝不是以快来衡量,关键是让滚大的雪球继续滚下去,不要半路而散。

我们进入股市的终极意义是什么?如果说,以股修行,成为更好的自己,容易被视作矫情。那么,积累财富,可以调和多数人的目标。从积累财富的角度,财富应当是求多,还是求快?如果二选一,答案不言自明。当然,贪欲会告诉你,既要多,又要快。如果你心中冒出过这种想法,那么注定与股市正道无缘。我无法在本书中简明阐释上述结论的合理性和科学性。借用爱因斯坦的观点，当运动速度不断接近光速时，时间会越变越慢。当你用极限速度的方法去拓展了空间，要维持后续的前进，所需时间将变为无穷大，超出你的寿命极限，就意味着静止，原来感受到的快速运动状态，在有生之年注定无法持续。从历史角度来看，交易之神利费摩尔，在财富极速膨胀过后，最终自毁；股神巴菲特和索罗斯，他们的股市投资的超长期年化回报率，百分之二三十，已经是人类极限了。市场不容许存在一种完美策略可以一直保持高增长且可持续。如果说你曾见到过，那一定是没见到其溃败的时候。财富积累的终极目标，肯定是求多，而不是求快。只有选择无限游戏的玩法，才能让自己在股市中持续生存下去。选择有限游戏的玩法，如果有幸取胜了，那么最好的解，是懂得放弃和离开，因为股市游戏已经结束了，要重新选择下一个新的游戏，不要再纠结在原来的游戏之中。

既然财富积累的目标，是求稳求多，而不是求快，那么关于长期投资和短期投机的路线之争的终极正途，肯定是长期投资。我们从复利公式的表达，终值 $A_n =$ 初始值 $A_0 \times (1+i)^n$ 就可以看出，影响终值的关键，是收益率 i 值为正，且 n 值足够大，要延续游戏，让复利滚动。股市投资，终将要选择无限的游戏玩法，回到长线价值投资的道路。

长线价值投资过程中，可以出现一些短线交易，以保持对市场进度的感知，但长线价值投资的逻辑，不能用作短线交易的依据。也即，无限游戏中，可以出现有限游戏，但无限游戏无法在有限游戏中进行。短线交易无论最终涨或跌，在长线价值投资者眼中，都只是一个投资过程的瞬间,不是终点。

我个人最终选择以长线价值投资为主,选择无限游戏的玩法,这是延续游戏、以股为生所必须守住的"正";保留超短线交易为辅,只是为了保持对市场感知能力的训练,作为解析市场运行阶段和了解自己内心的观察工具,希望起到出"奇"的效果。

时间的迷思

除了企业价值之外,时间,是影响投资结果最重要的变量。长期来看是对的预测,在短期来看可能是错的;在长期来看是错误的行为,短期的结果可能是好的。不同的持股时间,投资结果可能截然不同。特别是对做短线的交易者来说,时间的重要性,甚至超过了股票的企业价值。他们首要考虑不是选什么股票,而是选股的时机。时间相对于价值,更难以理解一些。我们进行投资,交换股票的企业价值,投入的不只是资金,还有我们有生之年有限的时间。所谓要抓住时机,本质是抓住对时间的深刻理解所产生的机会。对于投资者而言,如果说企业价值是衣食父母,是生长的源泉,那么,时间就是朋友。正如"在家靠父母,出门靠朋友",应用于股市理解就是,持股待涨的时候,要依靠价值的抚养长大,买卖股票的时机,得靠时间这位朋友。人们常说要做时间的朋友,主要是告诫我们投资要有耐心,要发挥复利的威力。但时间的本质究竟是什么? 时间这位朋友有什么性格特点? 如何做时间的朋友? 这些问题不探究清楚,做时间的朋友,就只能是一句安慰或鼓励的话。我们在投资决策时,仍旧难以穿越时间的迷雾。

时间的本质是什么？时间,是人类构建的一个概念。人类定义地球围绕太阳公转一圈叫一年,地球自转一圈叫一天,分 24 小时,我们管它叫时间。

时间,是运动循环周而复始的过程,存在过程关键点：否极和盛极。两极构成股市买卖操作获利避险的重要依据。"否极泰来"是最佳买入时机,"盛极而衰"是最佳卖出时机。每一轮大熊市过后,均是入场股市的最佳时间窗口。否极泰来时刻的识别,关键在于行情是否糟糕到了"极致",连续下跌之后再次暴跌,有"否极"可能性时,可迅速进入准备状态,在"泰来"初现时出击,往往容易高效获得丰厚的利润。判断否极泰来时点的方法,主要是对趋势结构、底部形态和量价关系进行分析,结合起来相互印证。如果对"否极"时点判定后,股价并没有出现持续的"泰来",说明行情还没有坏到极致。股市投资要等,要忍,等的就是否极泰来时刻,然后重仓投入一次,直至盛极而衰的时刻离场。

不同的时区是存在时差感受的。每只股票可能处于不同的时区,换股操作,犹如要适应时差。一换股,就容易套牢,这种感受上的不适,相当于克服时差所造成的生理不适。假如股市是地球,个股是城市,股东是居民,从太空的某个时空点来看,散布在地球的居民所感受到的时空环境是完全不同的,对时间的感受,是存在巨大差别的。个股所在的时区,可以通过个股股价走势运行的结构图来进行辅助判断,包括趋势交替、趋势阶段、趋势结构分析。因为存在人为干扰的因素,个股所在时区的判断,比自然界复杂得多,结合当地股民对基本面的情况反映和价格运行的图形结构,大致可以分清,是处在上涨还是下跌阶段,上涨阶段是初期、中期还是晚期。

时间与空间一起形成时空,既守恒又可转换。时空分析可应用于模糊预测,未来市场大致在什么时间点出现转折。同一事件,如果发生的速度慢一些,事件延续时间会久一些;发生的速度快一些,延续时间就会短一些。一个股票在较短的时间内,相对于大盘或参照指数(业绩增长指数),上涨或下跌太多,就会进入较长时间的调整状态,因为它在远小于大盘或参照指数所花的时间内,快速走完了全程,在剩下的时间,就只能是原地踏步或折返。真正赚钱的股票,往往与目前市场热炒的股票不一样,甚至相反。在过往几年比较流行的市场风格,在后续几年的市场表现会落下风。事件的空间变化,可以以时间的延续来替代;空间变化的增大,也可以替代时间的变化,缩短事件延续时间。在股市中,常提及的"以时间换空间"或"以空间换时间",即时空转换。短时间大幅地下跌,牺牲了空间,但节约了时间;如果下跌缓慢,一波三折,虽然下跌空间变小了,但会耗费大量时间。在强势市场中,快速大幅回落的走势,不一定是坏事,可能出现短期结构的否极泰来,迎来入场时机。在弱势行情中,缓慢阴跌走势,并不宜入场买入,会耗费大量时间,令人产生绝望感,需要耐心等待。相对时空观,和复利增长观一样,对投资者都很重要。

关于时间的观念,是一个比较复杂的哲学命题,本书中无法详尽描述。但时间观和价值观,共同构成投资观的重要内核,值得投资人不断深入探究。当习惯以年为单位进行投资操作,就要以年为单位思考价格运动的问题。从长期来看,股价的增长倍数,与其企业经营业绩的增长倍数,呈现正相关。过滤掉市场交易者对价格的噪声干扰,从企业发展的统计数据来看,以十年为时间单位,优秀企业的平均年化增长率达百分之二十几,约为 26%,就可以实现十年十倍。如果自己对企业长期经营业绩的增长速度有比较深入的研究,基本上对股价走势的空间和所需时间,就有一个大致的判断。如果坚持长线投资,就不要太在意一时的短期波动。如果习惯短期内进行波段操作,那么长线的逻辑就不能作为短线操作中的主要决策依据。如果时而短线思维、时而长线思维,没有稳定一个时间框架,投资者又不具备四维思维认知能力来思考时间,那么股票买卖操作,就宜做降维处理,稳定自己的时间框架,避免在时间的迷雾中失去方位感,导致决策时思维错位。

性格的匹配

如果没有找到适合自己性格的投资方法,就很难适应股市的生存环境,在股市的投资结果也好不到哪里去。投资的能力,可以拆解为感知能力、认知能力和行为能力。投资人之间,真正最大的差异,是管理自我行为的能力。感知价格走势的能力,大家都是一样的。在信息高度发达的今日,获取有效信息和知识的途径很多,认真学习后,认知市场的能力差别也不会太大,识别市场大趋势以及发现真正的好企业,事实上并不难。投资最难的,是管理自己的能力。很多亲朋好友想向我学习股票知识,最好还是短线,但他们又不愿意花太多的时间和精力在股市的学习和日常训练上。面对他们的真诚请教,在无法推辞的情况下,我一般委婉建议他们直接购入时代最伟大公司的股票,或者拥抱时代最优秀年轻人创办的公司,不要折腾,长期持有,但真正照做的,也很少很少。

投资获利的目标,有多种实现的方法,总有一种方法,与你的性格更加吻合。选择与自己性格更加匹配的投资方法,减少知行合一的难度,能更快地跨越知与行的鸿沟,顺利解决自以为明白但实际做不到的难题。如果你真的是有耐心的人,不在乎一时得失,相信长期主义,那么,首选的投资方法,当然是长期价值投资,陪伴时代最伟大的企业一起成长。如果你是急躁性格的投资人,无法忍受长期的煎熬,凡事喜欢一吐为快,那么,最好选择职业短线交易的方法,但从事职业短线交易,必须先持续训练几年,直到可以稳定盈利时,才能投入实战。如果你是数学功底特别好的名校毕业生,那么量化高频策略也是不错的选择,提升对市场规则认知,用策略突破人的行为能力束缚。每种方法,看待市场的角度不一样,各自有着不同的策略,各个流派也都在股市实践中创造过常人难以企及的成绩。如果真的精通某一种方法,那么其他方法涉及的工具和知识要点,对你来说,也就没有那么重要。

即便你已经从股市取得了巨大成功,也仍然不能忘乎所以。封神后的自以为是,是我们每个投资者被捧杀的前兆,会不知不觉滋生对风险的蔑视。每一位股市的参与者,如果破坏了市场生态的平衡,还不及时停止对市场财富的索取,最终都会自食恶果,即便你自己认为什么也没做错。中国股市中曾经的某些顶级风云人物的陨落,就是前车之鉴。特别对于超短交易者,在雪球滚动到一定程度后,要懂得主动退役,你精力的专注程度和身体的能量,不可能一直充足。连索罗斯这样的投机者,在年迈时都承认,自己的认知水平世人已经知晓,自己已经不再拥有优势,便选择了主动退休。如果不想成为利费摩尔式的悲情人物,就要学习索罗斯这种对自我的清醒认知。即便是量化策略投资者,在某段特定的时期,从市场吸走了过多的财富,只要破坏到市场的生态健康,同样会面临来自监管层的清理整顿,导致规则的改变。股灾期间,经常会出现对过快过度索取进行处罚的案例。对于真正的价值投资者,所有的伟大,都是用时间熬出来的,是复利让财富实现了惊人的增长,只要没有犯太大的错误,主动接受慢慢变富,个体就不会对市场生态造成破坏。从这个角度也可以理解,为什么投资的终极正途,应当以价值为本,选择长期价值投资。

每一个投资者在股市中的命运,很大程度上取决于能否找到匹配自我性格的生存方法。面对庞杂的投资理论体系,作为一名普通投资者,很难全面涉足不同的投资思想流派,或者逐一获知。即便逐一获知,也很难在短时间内实现精通的目标。而生命有限,我们只能根据每个人的禀赋特点,先择其一,从一个角度做深度研究,从一个坡面开始登峰之路。只要付出足够的心血和精力,最终必然会殊途同归。面对市场的起伏和股市英雄事迹,不必羡慕、嫉妒和攀比,耐心等待自己能够理解且最有把握的机会,并把握住,让投资利润以复利的方式增长,就可以了。我有一个同学,以实业起家并热衷于股市投资,他对股市的认知平淡无奇,貌似并没有什么过人智慧,或很高的情商,甚至被认为有一丝偏执,近十年主要投资了极少几只股票,他所选择的这几只股票,也并非什么大牛股,买入后就套两三年,但他没有在一只股票上亏过钱,而是累计从股市赚了几个亿，从结果来看，也算是一名成功的投资人。他的基本观点，主要是买的公司不能烂、账好算、业绩有增长，而且越跌越买，不赚钱绝对不卖。其简单朴素的择股理念，和一种锲而不舍的阿甘精神，同样让他的投资获得了成功。投资结果的盈亏，比的不是谁更聪明，而是投资者理性行为与心性适配所带来的稳定。投资的大道至简，有时候简单到自己都难以置信。

心路的历程

从无知无畏，到无知有畏，再到有知有畏，最后到有知无畏，是股市悟道，在以股为生的路上，必经的心路历程。不大亏一次，难以有敬畏；不大赚一次，难以有信心。技术可以教，心路无法教，必须亲历体验后形成知觉智慧，才能将所悟的股道上升为一种信仰，才有实践知行合一的基础。古诗云，纸上得来终觉浅，绝知此事要躬行。想学会游泳，你必须亲自下水了解水性。精通流体力学，对你学会游泳不会有太大帮助。股市里最忌刻舟求剑，投资的艺术和修为，不是靠学习和模仿来完善的，它需要靠实践，靠体验，靠训练。就像围棋运动员的训练过程一样，在学习生涯中，下棋的动作只不过是训练智慧与技巧相配合，然后在多次实战演练中悟道，最终达成掌握棋道精神的实质。

师父领进门，修行靠自身。中国佛家有"迷时师渡，悟时自渡"的禅理，进入股市，就是无边的股海，三分靠师渡，七分靠自渡。未曾悟道时，老师传授的知识和技巧，帮你摆渡过河，而那条载你渡河的船,是你老师的,你必须打造一条属于且适合你的新渡船。如同婴儿学步,必须摆脱大人的搀扶,才能真正学会走路。建立属于自己的投资框架体系,也许这条路会艰难曲折,甚至漫长,但是必须这样,才能通向更高的境界。自渡的过程很辛苦,在每一笔的投资或交易中,会发掘到自我人性的弱点。在每一秒的时间里,在一根根K线中,独自抵制盘面涨涨跌跌的诱惑,耐心等待那个属于自己的机会,就是一个心性的训练过程,逐步让自己的心态更稳定,心理承受能力更强大。成功在于突破人性藩篱,超越自我,必须在心性层次上建立起自己独特的核心竞争力,进而在市场上持续获得竞争优势。股市的竞争,最终是在人性层次的全面竞争。进入"无我",才能真正观察到市场的变化,才能读懂市场的心,而不是自己的心被市场掌控。这里的"无我"不是指"无为"或"无动于衷",而是一种抽象化的思维方式,一种将自己从表象中抽离出来的状态,是一种出离心。

股市秘籍是根本不存在的,市场一直在变。在任何情况下,巨大成功都需要天时、地利、人和的完美配合。费尽心力研究的所有方法、理论、"一招鲜",不可能适应所有情况和环境,自我迷恋者,往往"死"在他们自认为最了解的招数上。淹死的,往往是会游泳的。如果整日沉迷于研究不同的方法,而没有切实加强你的心性层次修养、思想的整顿和基本功的训练,会使各种分析研究沦为花拳绣腿。把股市的基本功打扎实,对企业、市场、心性等最关键的变量,了解清楚,理解深刻,但不要缘木求鱼、舍本逐末,免得越努力,反而离成功越遥远。K线还是那些K线,波浪还是那些波浪,报表还是那些报表,技术或价值分析工具的威力,在于使用者的实力、基本功和环境等其他诸条件的配合。经历了看山是山,到看山不是山,再到看山还是山的过程,自然就拥有了高手的眼界。这需要长时间的思想整顿和相当痛苦的积累过程才能达到,但和智商高低、知识多寡无关。

有丰富投资实践经验的股民,都应该体会到,在投资实践上,要做到知行合一,特别困难,看对但做错的情况,经常会发生。一个重要的原因是,三维的思维认知能力无法解析三维身体感知能力所感知的股市信息,思维认知能力不超越身体感知能力,冲突矛盾的根源就解决不掉。股市投资实践,就表现为难以知行合一。知,如果还是停留在身体感知,而不是升维后的思维认知,就会掉入以自我为中心、靠主观和幻想去交易的境地。只有经历投资思想上的升维、投资行为上的降维和反复训练,耐心等待天时,认真选择地利,勇敢拥抱人和,投资交易才能进入天人合一的和谐境界。

思考的重点

在预测未来方面,思考的重点,未必在于你知道多少,而在于你所知道内容的真实性和关联性。关于市场的信息繁多,处理信息并了解它们所代表的意义,超出了人类心智的能力范围。不论怎样简化信息,关键还在于从无数的信息中提取出重点。在任何领域,要掌握迅速看透事物本质的能力,必须以原则来梳理和提炼信息,将复杂事物变得简单而易于处理。原则,是在无数的特定事件与信息中,抽象化的一个普遍性概念,是对大量具体案例的一种抽象化理解,在一定适用范围内具有一致性。要训练自己的洞察力,需要持续将明确的事件转化为抽象的概念,并用抽象的原则来检验实践。根据对当下事件的分析,以适用近期与历史的同一概念,了解现在发生的事件,预测长期的未来。养成重点思考的习惯,就逐渐形成了自己的思维框架体系和投资哲学。

成功的投资者,必须运用一套思维工具,根据一套有效性不变的基本理念和知识拟定投资决策。从以股为生、经营事业的角度考虑,股市的第一目标,是长期生存,其次是长年累月稳定地获利。按照重要性排列,作为投资者,最基本的三个原则是,保障投资本金的安全,具有稳定的获利能力,追求卓越的投资回报。三个核心原则,也有着递进的先后关系,保住投资本金,才能造就稳定的赚钱能力,在稳定赚钱的基础上,才可以追求卓越的回报,它们是所有市场决策的最高指导原则。在拟定自己投资的原则时,必须服从于股市生存的最高指导原则。例如,在并不具有稳定获利能力的情况下,为追求卓越的回报而使用资金杠杆工具,融资来炒股,危害投资本金的安全,就是有违最高指导原则的行为。如果为争取市场业绩的排名,而使用一些特殊的手段,并将这些手段视为常态化的指导原则,过分地追求卓越回报,而忽视获利的稳定性,将为自己的投资生涯埋下重大的隐患。如果在熊市的初期,市场的风险回报比很差,就应当持有现金,优先保障本金安全,而不是关心自己的业绩是否可以超越大盘指数或行业水平。如果真正理解了三项最高指导原则,它将会指导自己如何在股市稳定获利,并长期生存。当然,要具体地运用以上理念,还需要对股市中一些重要的基本知识有着深刻的理解。

　　知识或信息,不在于多寡,而在于思想的整顿。以对事物的认识来举例,既有个体的认识,也有群体的共识,还有科学的常识。当个体认识、共识、常识不一致的时候,就是投资犯难的时候,什么时候该追随共识,什么时候该尊重常识,什么时候该坚持个体认识,如果可以整理出一些基本原则,两难选择的困惑就会减少,决策体系不至于一片混乱。知识是如何形成一系列的推论,如果我们了解基本原则,那么纷繁复杂的现象,便又可以整理为相对简单的知识。如何化繁为简,体会大道至简,才是每天思考的重点。原则之间,也是具有递进关系的,表层原则,要服从于底层原则。例如,市场派的信徒,在交易时被教导要与市场共舞,顺势而为,但顺势而为不是目的,理解市场的目的,是获利和避险,相较于顺势而为,获利和避险,才是更应当坚守的基础性原则。逆向投资者之所以会取得成功,在于并没有教条地理解顺势而为。很多高手在股市中也会发生重大亏损,虽然原因众多,但最容易犯的错误,就是在风险面前的孤注一掷,自信地豪赌,成为压垮自己投资信仰的祸根。价值派也好,市场派也好,如何认定应当坚守的原则,不同的投资“专家”看法不同,各自的看法有时经常矛盾,矛盾来源于对基本概念的界定。而界定各类投资专用名词,不仅仅是一种概念化的抽象,更是弄清基本概念的本质、内涵和受限条件,了解市场的基本原则。无论你最终选择哪种投资信仰体系,在稳定一致的基础上,实现复利增长,都是股市投资者的共同追求和最高生存原则。

　　关于股市,我无法在本书中介绍一套稳定获利的具体操作方法,因为它根本不可能适合所有人,也不可能长期有效存在。即便暂时有效,使用的人多了,或者环境改变了,也可能会失效。具体的东西,不可能具有普适性。阅读者,一般不喜欢抽象的东西,但只有抽象的才接近纯粹理性,这也是写作面临的最大矛盾。

在随后章节,我重点梳理了股市中重要的概念知识,以及我所理解的视角。要素尽量简明扼要,并力求通俗易懂。本书可作为投资者入门修炼基本功时的一种参考,有益于帮助读者打好思想的地基,降低试错成本,也便于把有限的时间和精力,聚焦到思考的重点,尽快找到适合自己的投资方法,建立专属于自己的投资框架体系,为投资者更好地在股市长期生存,起到一些启蒙作用。

市场

CHAPTER 3
第三章

市场本质

　　市场的本质是什么？是交易标的群体性买卖竞价交易的场所。发生买卖时，买主与卖主之间先要确定一个价格，在价格被敲定之前，双方需要对各自理解价值的差异进行讨价还价。如果对价值理解不存在异议，或者不能让步达成价格协议，交易就不会发生。交易不过是对价值评估存有异议，而就价格确定达成的协议，直到出现价值评估异议与达成价格协议时，交易才会发生。市场存在的主要目的，就是在对价值评估产生分歧时，通过市场交易立即找到准确的价格。当同等数量的交易合约在某个价格发生换手，在当时的那个时刻达成的交易价格，就是市场所公平认可的价值。市场对价值的判断永远是正确的，这种正确性是限定在当下的。市场具有对标的物价值的发现作用，尽管市场并不能决定并反映标的物的未来长期价值，但可以准确反映当下价值。从这个角度，市场是通过价格表达对当下价值的结论，但并不包含对未来长期价值的判断。

　　市场由不同的交易者组成，而交易者又有着不同的投资期限、资金体量、投资观念、预期目标等。参与市场投票的都是人，所以市场也很人性化，有时会情绪反复，有时会很疯狂，但在大部分的时间里，市场很聪明，代表的是群体投票的结果，代表的是民心。

价格会选择沿着阻力最小的路径前行，市场民心所向，也会影响超大体量资金的行为，他们的顺势而为，又推动了价格趋势的发展。股市求生存，与社会求生存的道理差不多。市场代表群体意志，自我代表个人意志，只有在市场的两个转折点时，群体意志达到极致而溃败，反群体意志的个人英雄得以出现，时势造英雄，个人逆势而行就会取得巨大成功。但时势并未运行至历史的转折点时，顺势而为，是求生存的必然选择。逆势而为的行为选择，将付出更大的代价去克服市场阻力。从这个角度，市场是对时势的记录和表达。

市场的基本任务是沟通，当个体将愿望和报价传递给市场时，市场也将交易的结果反向传递回个体，同时传递给场外的所有人。所有能达成的交易，必须存在供求双方。买主更想要物，卖主更想要钱，当双方对价值报价存有异议时，基于交易双方需求的紧迫性不同，哪一方主动做出让步，市场就向有利于另一方希望的方向移动，从而形成市场价格的移动方向。结合交易量的变化，价格和成交量之间的互动关系，能够反映出当时的市场心理，包括场外持币者和场内持筹者的心理状况。每一家股票的卖出或买进时，市场对所发生的情况做出了真实而准确的描述，以市场图表的形式予以记录。市场告诉你结果，但不会告诉你造成结果的原因。良好沟通的前提，首先是懂得对方的心理，且当我们懂得和市场交流的语言时，我们在市场的交易行为，就会变得更加准确、和谐、清晰和有利。从这个角度，市场图表，是个体与市场沟通的语言。

市场的指导作用，主要是避险和把握时机。也就是使我们在价值投资的主线上,加深对市场的理解,这也有助于我们减少投资的失误。市场是集体智慧的体现,可以帮助更加全面客观地理解企业,完善观察视角。从价值投资流派的角度,市场所反映的人性、情绪和心理,不是决定未来价格的主导性力量,价值的生长才是。价值投资大师对市场作用的表述,认为市场价格波动的噪声会干扰对价值的判断,过分关注市场,对投资获利并没有什么帮助,唯有企业价值的增长,才是股价增长的源泉。市场通过价格表达对当下价值的结论,并对价格的未来走向,提供了阶段性的约束。市场并不能长期约束未来的价格,是因为价值的生长会导致极限值的位置提升,表现为股价的逐波上涨。市场情绪可以阶段性影响股价,有时会表现为企业经营进程与股价的涨跌并不是均匀对应。我们看到价值投资大师对市场的讥讽,却没有看到价值投资大师们在讥讽的时点上对极端市场的关注和利用。

　　市场行为的基本要素,主要包括基本面、价格、成交量、时间、空间、参与者。基本面是价值的源泉,基本面决定股价长期的变动方向和获利空间,基本面所体现的清算价值,是投资的安全边际或价值极限,是价值发现的起点。价格,主要看均价和均价的方向,更能代表市场主流参与者的意图,而最高价、最低价、开盘价、收盘价容易被短期操纵而掩盖真实意图。成交量是对价值分歧大小的度量,是对价格重要性的确认,通过盘口观察可过滤掉对倒等虚假买卖行为。成交量主要看量差,量差与价格变动方向的结合,可以揭示场内持筹者和场外持币者的心理变化,心理变化又影响市场的短期走势。时间,主要体现为市场波动周期,最终体现为对时机窗口的把握。空间,是对价值变动位移的度量,与时间一起构成时空,在时空守恒的基础上进行时空转换,可用于预测结构性高低点。参与者直接反映市场是否存在有序的资金流。有了有序投资者的参与,行情发生趋势性变动的可能性增大,市场交易会表现活跃。没有有序参与者形成的合力,就没有大的获利机会,个股表现会较为冷门。

市场秩序

股价波动的背后,是人类的决策,人类是具有选择和伪装能力的生物。当你只是市场的一分子时,永远无法以绝对的必然性来预测市场对某些事件的整体反应,新的信息不断发生,个体也无法预测市场会发生什么新情况。股价的波动,具有混沌随机而不可精确预测的特征,仅能以概率界定。市场预测属于概率的范畴,出错的风险永远存在,在掌握有利胜算的情况下,使自己的决策总体上正确多于错误,就是投资者的工作。股市中存在的秩序,可以在周期和概率的范围内,协助我们预测未来。了解股市中的秩序,需要寻找到一种方法监控市场波动的脉搏。监控的数据,可能并不会告诉我们变化发生的原因,但可以显示变动发生前的征兆,以及提供未来较有可能的发展方向。监控的工具,主要是企业财务报表和交易数据图表。

从企业报表角度,根据企业报表所反映的经营数据,企业的利润增长率与股价变动率会呈现相关性,价格趋势的斜率,从长期来看,几乎与企业利润趋势的斜率相似,从短期来看,价格趋势的斜率会先于利润趋势的斜率发生变动。企业价值的增长,长期来看,源于企业盈余的增长,假定利润变动与股价变动之间的相关性确实存在,利润增长率大于股价变动率(趋势斜率),说明股价增长潜力被市场抑制,则可以考虑买进该股票,反之,则可以考虑卖出。基于利润趋势与股价趋势斜率的比较分析而派生的组合投资回报,还是有较大可能超越市场的,特别是对于持续增长的非周期性行业的股票,在统计上效果更好。

从交易图表角度,图表是由记录市场每天价格波动的数据构成,是行情走势的影子,在某些特殊的时空观察点,根据影子就基本可以预测未来的市场走势,知道行情的走向。就市场的整体价格而言,它代表了一种严肃而周详考虑后的行为结果,最聪明的消息灵通人士会根据已知事件预期将要发生的事件来调整价格。市场走势必然反映市场参与者的主要看法,市场指数将显示长期趋势的方向和力度,以及市场的主流看法何时发生变化。在 20 世纪初,道氏理论的出现,从宏观的角度对股价运动规律做了系统性思考,包括市场行为包容和消化了一切、市场运动具有趋势性且长期趋势不可操纵、价格历史现象会周期性重演等,为大资金的投资实践提供了理论指导。进入 21 世纪,博弈论和行为金融学大放异彩,从微观的角度,对股价运动规律做了重新认识,从人的行为选择和价格变动现象之间的因果关系入手,对未来发生结果进行预测。无论是宏观还是微观,尽管大概率并不能决定历史现象一定会重演,但在某些特殊的时空观察点,概率会很高。耐心等待这些特殊的时空观察点,也就是等待操作交易的关键点。只在关键点交易,就相当于发现了股市的运行秩序。

价格趋势

趋势是什么？我将其定义为存在物的运行特性。唯有真正了解趋势的意义，才可能判断趋势何时发生变化。趋势的变化，产生出买卖的时机，精准判断趋势的变化，才可以趋利避害，实现获利或避险。就股市而言，趋势是某一特定时间周期内价格的波动方向。根据方向分类，趋势可分为上升趋势、下降趋势、无趋势。上升趋势，由一系列连续的涨势构成，每一波涨势的高点超越前期波段的高点，每一段跌势的低点高于前期下跌波段的低点，也即，上升趋势的波段高点与低点都由不断升高的一系列价格走势构成。反之，下降趋势，由波段高点与低点都不断下滑的一系列价格走势构成，高点不会超越前期高点，低点逐步下降。无趋势，是一种横向整理或震荡区间，方向性并不明确，是趋势维持过程中的承接，或者趋势变化前的一种过渡。无论上升趋势还是下降趋势，在感观上都显而易见，尽管定义和感知非常简单，却无比重要，不仅仅适用于股票市场，还可适用于任何市场的任何时间结构。在绝大部分时间，顺势操作是在股市获利或避险的途径。如何确定先前的高点和低点，又完全取决于你的交易行为是着眼于长期、中期还是短期趋势。在道氏理论中，按运行时间，将趋势分为长期趋势、中期趋势与短期趋势。长期趋势最为重要，也容易辨认，持续时间以年为单位，其运行方向是不以任何投资者的意志为转移的，是价值投资者的重要参考。中期趋势是长期趋势中的折返，是上涨趋势中的重要下跌段，或者下跌趋势中的重要反弹，对交易投机者和价值逆势投资者更为重要，相对难以磋磨，并容易误解为长期趋势的改变。短期趋势，价值投资者关心得较少，被称为日内杂波，道氏理论认为其最难以预测，但从超短交易者的角度，运用博弈论和行为金融学的相关知识，也可以利用短期趋势提高投资的获利能力。

　　趋势线是研判市场方向的有效工具。一系列连续涨势的波段低点的连线，构成上涨趋势线；一系列连续跌势的波段高点的连线，构成下降趋势线。在牛市多头行情中，上升趋势线构成每一次波段回调的支撑；在熊市空头行情中，下降趋势线是制约每一次反弹的阻力。突破下降趋势线以及跌破上升趋势线，都是原有趋势改变的警示信号。趋势线的保护作用，好比游泳池边上的救生员。价格已经有效突破了下降趋势线，形成了明确的上升趋势，相当于市场告诉你，已经安排了救生员，但你却不敢下水。在没有有效突破下降趋势线时，没有给安排救生员，也不知水深水浅，但投资者就喜欢跳下水，热衷于猜底猜顶。在并未打破趋势线的情况下，行情沿原来趋势继续运行的概率要远大于反转。反映市场方向的工具还有均价线，也称移动平均线。移动平均线是连续若干天市场价格的算术平均值的连线，反映过去若干天以来买入者的平均持股成本。取样的天数就是移动平均线的参数。在股价原有趋势反转时，移动平均线的反应比较迟缓，不应作为辨识趋势转折的主要工具。由移动平均线引申出来的乖离率（BIAS）概念，反映当前股价与某一条均线之间的距离，当乖离率过大时，股价有回归均线的内在要求，乖离概念在实战时具有一定的运用价值。价格和成交量衍生出来的各类技术指标，反应滞后，不应作为股市实战的主要工具。任何理想的指标如果被市场广泛认同就会失去其效力,不必执着于此并浪费太多时间,重点还应放在辨识趋势、理解趋势、利用趋势上来。

股价运动以波浪的方式演进。波浪理论,可辅助用于对趋势的理解和利用。波浪理论本质上是一种混沌行为的分形结构,展现出周期循环和全息影像的特点。每一个完整的上升浪由5个主升浪和3个调整浪组成(波浪理论基础知识读者可自行搜索查询,本书不展开),在5个主升浪中,0—1是第1浪,1—2是第2浪,2—3是第3浪,3—4是第4浪,4—5是第5浪,其中第1、3、5浪为主升浪中的上升浪,第1浪的市场含义是价值发现,第3浪是价值被确认证实,第5浪是认知强化和思维惯性,第2、4浪是主升浪中的下跌浪,是保守者的获利了结。在3个调整浪中,分为A、B、C三浪,统一作为对5个主升浪的折返修正走势,其中A、C浪为下跌浪,A浪的市场含义是过热泡沫的发现,C浪为泡沫的破灭。下跌浪B浪为调整浪中的上升浪,对存在泡沫的怀疑和不存在泡沫的期许。波浪理论所总结的标准8浪循环结构,因为浪中有浪,对如何界定波浪的起点和数浪,是比较复杂并具有主观性的,所以不可单独用于指导投资实践。但趋势是以波浪的方式演进的,如将波浪理论和趋势转折点结合起来理解和验证,对认清趋势的性质和行情大小,也会有辅助性的帮助。

关于波浪在趋势展开过程中的应用,举几个例子。第一,利用主升浪角度的相似性来预测未来走势。各主升浪的角度之间,具有一定的相似性。通常会有一个主升浪的角度较大幅度地偏离其他主升浪的角度,如果这个角度不同的主升浪发生在最后的第5浪,常常是行情即将发生改变的先期信号,此时就应高度警惕,未来趋势将发生重大逆转。第二,可以通过波浪的数浪,确定目前行情处于哪个阶段,是初期、中期还是晚期?如果行情处于第 5 浪运行中,那么行情结束的概率大增,之后行情反转的概率越高,就要严控入市位置点,宁可错过一小波行情,也绝不盲目入场。如果随后出现了趋势反转迹象,对走势调整的幅度,也可以有一个大致的预判,将风险意识转化成一种市场直觉或盘感。第三,通过浪与浪之间的比例关系,预测未来主浪的运行空间,即股价目标位置。一般情况下,在否极泰来出现的第 1 浪确定后,第 3 浪的空间通常会比第 1 浪大很多,约 2 或 3 倍,波浪总长与第 1 浪的比例关系,可以从历史走势的统计中找到借鉴。在目标区间出现的逆向调整,趋势反转信号具有更高的可靠性。第四,通过前一调整浪的调整幅度,来预测下一个调整浪可能结束的位置;通过前一调整浪的时间周期,来预测下一调整浪可能结束的时间点。以上的推论参照,是从实战出发的经验总结,并非严谨的科学理论,无须争论对与错,但绝不能生搬硬套,重点是在关键变盘点,执行交易行为的意识非常重要,如果非要等待图形完全明了之后再采取行动,会错过最好的时点。当情势发生变化时,往往首先变化的人获利最为丰厚。足球名将克鲁伊夫曾说过一句经典的话,反应速度经常与预判混淆。如果你跑得比别人早,那看上去就比别人快。总之,波浪理论于股市,有点类似于足球场上的跑位意识,有时直接见效,有时徒劳无功,但打团队配合的时候,又是基本功。

辨识趋势的改变,是获利的重要契机。对大部分人来说,运用视觉思考比调动智力思考更为轻松,走势图表在视觉上呈现人类行为的特质,重复出现在市场价格走势的历史记录中。一些经典的价格模式,往往成为趋势变动的征兆。如何认定趋势的变动,可借鉴维克托·斯波朗迪在《专业投机原理》一书中的"三步准则"。第一,下降趋势线被突破或者上升趋势线被跌破,视为出现了趋势变动的预警信号;第二,短期回调但下跌趋势不再创新低,或者反弹但上升趋势不再创新高,视为出现了趋势变动的初步信号;第三,在下降主趋势中,价格向上穿越先前的短期反弹高点,或者在上升趋势中,价格向下穿越先前的短期回调低点,可视为出现了趋势变动的确认信号。当"三步准则"全部出现时,通常已经错失了一定的预期利润。如果要更早地辨识趋势改变,有必要将"三步准则"与波浪理论结合使用,以弥补其反应滞后的缺点。此外,反映趋势变动的另一准则"试错准则"的成立,也可以快速成为输赢的分界点。在价格试探前期的高点或低点时,价格实际已经突破先前的高点或跌破先前的低点,但走势并没有持续,稍后又跌破先前的高点或突破先前的低点。这种特殊形态的价格试探,会出现当涨不涨、当跌不跌的现象,这种现象本身,代表趋势非常可能发生了反转的变化。当熟悉这些准则后,把上述方法作为筛选的初步标准,只需要浏览图形,就可以初步整理出现关键交易点的股票,可以节省复盘的时间和精力。在此基础上,再做进一步的基本面研究,挑选各种要素共振、各个维度俱佳的投资标的,拟定自己的投资决策。

市场风格

市场风格,是一段时间内的流行观念所形成的市场强化印象。

比较典型的是"大市值"和"小市值"的风格切换,"长线持股"与"短线交易"的风格切换,"周期股"与"非周期股"的风格切换,"新经济"与"旧经济"的偏好切换等。近年来,那些大市值股票的规模越来越大,以至于可以左右指数的走势。市值集中现象,除了并购、垄断外,规模效应导致强者恒强,公司越大,经营越好。与市值集中现象相对应的是小企业效应,表现为企业越小,收益越好,成长性也越好。但小企业效应是随时间而变化的,小企业溢价率波动很大,当小企业的收益率更高时,对于不同企业规模而言,就会出现"小而美"的普遍趋势。而当出现大企业的收益更高时,就会看到相反的趋势。《投资收益百年史》这本书对"市值集中"和"小企业效应"现象做了总结,有兴趣的可以去读。市场是一个生态系统,监管者或者股市游戏的设计者要延续股市这个游戏,就有维护生态平衡的需要。市场不会允许一种固定的观念在市场长期流行并抽走所有的财富,而另一种相对观念完全没有市场。生态失衡就会导致极端行情的发生,市场会以惩罚的方式,让市场风格自我纠偏,转换为另一种市场风格。风格的交替,是维护股市生态平衡的需要。

　　市场风格的切换,除了物极必反、阴阳循环的天道外,也与市场参与者的行为风格密不可分。股市中的各路英雄榜,会出现城头变幻大王旗、各领风骚几年的局面。关于市场参与者的行为风格,我并不主张按投资和投机来划分,因为投机成功就是正确的投资,投资成功也是正确的投机;同理,投机失败就是错误的投资,投资失败也是错误的投机。以好价格买好公司的股票,就是抓住好的时机买到好的资产,投资和投机应作为一个有机整体,而不是人为地将其割裂来看。按参与者的基本投资观的不同,我将市场参与者的行为风格,分为趋势交易者、价值投机者、长期价值投资者、宏观投资者、量化投资者。每一种风格的广泛存在都是合理的,都是观察市场的一个方面。你习惯或擅长处于哪一种视角来观测,就会选择哪一种行为风格。当我们并不擅长解读别人的观察面时,不要主观判断其他风格的对错或好坏,千万不要试图通过批判他人来证明自己方法的正确。关于市场参与者最主要的五种风格,主要分析如下。

趋势交易者,专注于日内盘中或短期价格趋势交易,在动态盘面中捕捉市场行情产生的剧烈波动机会,主要根据博弈心理和图表走势的知识来交易。交易时间框架在数分钟至数星期之内,主要研究市场心理和买卖的时机,对交易标的的研究只关心基本面题材和突发消息。其中,超短线交易者主要研究市场情绪周期,选择关注度高且处于强趋势中的股票,剧烈波动后在博弈形势对己有利时,迅速择机参与,是一种游资性的打法,进出都很快,因其高周转率,在某个时间段的收益或亏损会相当惊人,甚至达到年化 20 倍或者亏损 95%。短线交易者因为操作的时间周期短,常常选择强趋势的股票顺势而为,相信强者恒强的逻辑,擅长借势。也有短线交易者,习惯在无趋势行情中,通过高抛低吸来实现获利。在价格趋势交易者眼中,短期趋势可预测,长期趋势难预测。

价值投机者,专注于中期趋势,主要结合企业基本面的业绩突变和市场价格走势的相关知识进出场。时间框架为数周至数月,既研究企业价值的变化,也研究出入场的时机,期望参与价格变化最大的那段行情。价值投机者主要有逆向投资者、周期股投资者、困境反转投资者等类别。逆向投资者在长期趋势的中期折返行情中选择出入场，把价值和时间维度的考量相结合；周期股投资者和困境反转投资者，在企业价值发生较大改变时候出入场。价值投机者，把企业价值放在市场理解中审视，如运用得当，可能会取得非常高的市场回报，但对参与者的认知能力和行为能力要求很高。

长期价值投资者，专注于长期趋势，主要利用企业基本面和行业趋势相关知识决定投资，时间框架为数月至数年，研究专注于企业价值的可持续增长。与价值投机者的区别在于，将对时机的选择，放在不重要的位置。长期价值投资者，对企业的研究会相当深入，对企业盈余变化以及可持续性都有极为深刻的理解，认为企业长期增长的确定性很强，就无须在意一时价格的高低，选择正确的股票，比什么时候选择重要。在长期价值投资者的眼中，好股票极为稀缺，没有及时上车才是最大的风险，好股票人人都想要，价格自然不便宜，哪怕买贵一点也可以接受。长期价值投资者认为，价格总要围绕价值跑，只要价值在不断增长，价格自然而然就会跟上，短期价格趋势不可预测，但长期价格趋势可预测。长期价值投资者要面临的最大挑战，是知行能否合一，首先是选择的标的是否具有价值上的极度稀缺性，其次是能否经受得住价格波动的折磨和时间的煎熬。

宏观投资者，专注于时代发展趋势的研究，是站在股市之外看股市，综合社会浪潮、经济周期、产业革新、货币政策、政府调控等方面，就大的社会趋势进行研究推演，洞察各种必然性的变化，来预测未来。股市价格的变动，是社会变化趋势推动形成的结果。宏观趋势决定资金流向，资金流向改变商品和股票价格。宏观投资者的投资本质，投的是行业和赛道，是将自身投资逻辑与社会发展和经济规律相适应，社会怎么变化，就怎么投资，现在的投资是反映未来和现在之间的变化。宏观投资的成功，取决于对未来世界理解的正确程度。宏观趋势的变化，是伟大生意和伟大公司诞生的土壤，投资在代表未来方向的正确领域，就能取得较为满意的投资回报率。与长期价值投资者的不同之处在于，宏观投资者更为看重大类资产配置，在一个赛道投一批公司，用赛马机制找到未来那家伟大的公司。有一种流行的说法，股市的收益，70%来源于大类资产配置，20%来源于选股，10%来源于择时。这种流行说法的准确性，我无从验证，但至少可以反映出宏观研究对于取得良好投资回报的重要性。

量化投资者，是现代金融理论的信徒，号称做的是稳赚不赔的生意。既然人性在金融市场的生存中存在先天性缺陷，那么用模型和程序来执行策略，替代人的主观判断，就是量化投资者的主要工作。无论是指数化被动投资、统计套利、风险对冲还是高频交易，量化投资者不依靠大脑的判断，而是靠数学公式来投资。把最新的市场信息输入秘密公式里，公式的结果告诉买什么，就买什么。随着信息技术和通信技术的发展，高频交易也在微观上发现可乘之机，对于高频交易的金融工具来说，交易时间以分、秒，甚至毫秒计，每秒钟都可能有成百上千笔交易，在极短的短线上，整个市场肉眼可见的波动不再是主导因素，更重要的是市场结构、交易方法和各种参与者之间的关系。

投资理论

投资理论,是投资大师为我们在股海航行时提供的灯塔,是股市中的信条,是我们了解其他投资人思想行为的通道。经典理论是对复杂现象的高度抽象化提炼,为绝大多数的投资者所遵从。对经典理论领悟的深浅程度,直接影响到投资业绩的好坏。真正的投资大家,都有着他们自己投资哲学认识上的独到之处,尽管各自的理念有所不同。如果立志成为投资家,而不是普通的投资者,那就要学习经典、吃透经典,最终走上深化发展经典的道路,并无捷径。

股市起源于西方,17 世纪初第一家证券交易所在荷兰成立,人类有了证券投资行业。随后荷兰、英国、法国相继出现了投机浪潮。欧洲早期的三大经济泡沫破裂后形成的风险冲击,给人类永久烙上股灾阴影印记。股民的精神领空乌云密布,股道探索途中没有了路标。直至 18 世纪末,美国华尔街纽约证券交易所诞生,出现了股市投资思想,开始了轰轰烈烈的股市投资理论的迭代演变。西方投资思想主要发源于美国,经历过四次重大飞跃。第一次是基于历史学的分析预测法,通过记录历史走势数据,以市场价格为主要研究对象,以趋势、周期、分形为研究重点,始于 19 世纪末,以道琼斯理论为开山基石,形成了技术分析流派;第二次是基于心理学的分析预测法,以市场心理和大众浪潮为主要研究对象,以认知心理、社会心理、情绪反馈等为研究重点,始于 20 世纪初,以利费摩尔的投资实践思想为起点,形成了心理行为流派;第三次是基于管理学的分析法,始于 20 世纪 30 年代,通过回归股票本源,以企业价值为主要研究对象,以财务、创新、文化基因为研究重点,以格雷厄姆价值理论为基础,经历费雪、巴菲特的完善,形成了企业价值流派,也成为目前最主流的股市理论;第四次是基于数学的分析预测法,始于 20 世纪 50 年代,通过统计规律来平衡机会和风险,以量化策略为主要研究对象,以套利、对冲、高频为研究重点,以马科维茨提出资产组合理论为起点,经历西蒙斯的实践,量化投资流派得到壮大。按照西方投资思想史,自 19 世纪末至 20 世纪中期,以平均约 20 年间隔完成一次重大迭代,分别从四个不同的视角,来探寻股市的秩序。目前,行为金融、价值分析、金融工程等专业,已进入大学的研究领域,但交易技术仍属于经验的范畴。

基于历史学的技术分析流派,思想内核是历史规律。道琼斯公司和《华尔街日报》创始人所提出的道氏理论,是最著名的技术分析理论之一。该理论也是整个股市技术分析的起源和基础,此后逐步发展形成技术分析流派所公认的三大公理。第一,市场行为包含一切信息,所有信息通过市场参与者的买卖行为被市场消化,并体现在价格上,为此,技术分析者只需要关注价格行为本身,而无须过多关注信息的具体内容;第二,价格根据趋势方向演变,长期趋势一旦形成,倾向于持续一段时间,直到有足够的力量改变这一趋势,为此,技术分析者通过识别和跟随趋势,可以寻找交易机会;第三,历史会重演,由于市场是由人来参与决策的,而人的本性(如贪婪、恐惧等)在历史上反复出现,因此市场行为和价格模式也会出现重复,技术分析者通过识别重复出现的模式就可预测未来价格变动。上述三大公理构成了技术分析的理论基础,使得技术分析者能够通过研究历史价格和成交量数据,预测市场的未来趋势。

基于心理学的心理行为流派,思想内核是人本哲学、生存法则和社会规律。利费摩尔在其早期的投机生涯中,不以任何假设为前提,将交易逻辑推移至当下事实是什么、我该怎么办。他既尊重价格趋势的现状,也思考他人如何思考,将价格运动的秘密揭示为,价格沿着阻力最小的方向运动,哪里不费劲就向哪里移动;将股市生存法则揭示为,要追随领导股,如果不能从领导股上赚到钱,就不可能在股市赚到钱。经济学泰斗凯恩斯从社会经济学角度,提出了股市选美理论:关键是选择大多人认为漂亮的,而不是选择自己认为漂亮的。金融巨鳄索罗斯抛弃了理性人的假设,从证伪主义出发,将认知反身性现象引入金融市场,认为认知偏见和强化反馈会形成金融市场的动荡和不确定性,股市定价并不是均衡的。他认为,投资只是追求暂时利润的"炼金术",任何成果都是暂时的,都是可能证伪的对象。应以市场实际发展状况来检验市场假说,假说为市场接受,那么因为反身性作用,趋势会强化,投资可在把握趋势中获得超额利润,否则应放弃原有假设,另寻起点。

基于管理学的企业价值流派,研究对象是企业,思想内核是生意模式、竞争优势和壁垒、企业文化。该学派对价值的主流定义为,企业未来可产生净现金流的折现。对企业未来净现金流的预估分析,成为企业价值流派深挖的重点。价值理论经历了从发现低估价值、淘便宜货,到发现未来价值、投资成长股,到创造社会价值、与伟大公司共成长的发展历程。价值评估的重点,越来越重视财务报表之外暂时不可见但又影响深远的能力评估。价值的评估方法，经历了从简单的 PE 估值（市盈率估值，股价/每股收益）到 PEG 估值（市盈率/利润增长率），再到 DCF 估值（现金流折现估值）；价值评估的重点和方法，呈现出与时俱进的变化，但始终围绕企业本身的生命活动做研究。企业价值流派越来越把企业看作一个生命体，该理论的后续发展，有引入生物学思想的趋向。当前价值投资者对伟大公司提及较多的关键词，如创新、垄断、企业文化，在我看来，有些类似于生命体的新陈代谢、生存进化和遗传基因。

基于数学的量化投资流派，思想内核是风险、模型和高频。马科维茨提出资产组合理论，是想借助数量分析和统计学的知识，从市场组合中寻找一种可以降低波动风险和获取合理收益的平衡方法。该理论暗含了有效市场假设，反对获取超额利润的努力，认为应该获取市场平均利润。马科维茨把风险定义为不确定性，追求经过风险调整后的收益，并建立了均值-方差模型，用波动偏离均值的程度，来度量风险。马科维茨的追随者进一步将市场风险分为系统性风险和非系统性风险，最终形成资产资本定价模型（GAPM）和期权定价理论。有效市场假设、资产组合理论和资产资本定价模型、期权定价理论，共同推动了指数化被动投资、对冲、套利行为的盛行，并把股市引入了复杂的金融衍生品市场。该流派所研究的内容，逐步成为各大学在现代金融学领域的主流课程。关于量化投资流派，对于普通投资者的思维启示，体现为复利思维。复利思维通俗地说，就是努力使一件事物按指数增长（也称幂增长）的一种思维方式。其本质是，做事件 A，会导致结果 B；而结果 B，又会成为下一步继续加强 A 的基础，不断循环。时间给予频次,复利的威力会难以想象。传统量化派厌恶波动的风险,不喜欢回撤,本质是用复利思维追求更好的行为结果。如果今天赚明天赔,起点不具有稳定性,结果就难以实现指数增长。但量化投资流派的投资思路也常受到价值投资大师的批判。例如,巴菲特认为,分散投资是对无知者的保护,对懂投资的人来说没有意义。查理芒格认为,用波动定义风险的大小,是明显错误的。在 20 世纪末至 21 世纪初,伴随着信息技术和通信技术的高速发展,高频交易的出现,让量化投资流派在超短线的市场上开始有更大作为,极大改变了人们对该学派只能追求平均回报的平庸印象。高频交易技术,使得量化投资流派,既能利用数学上的稳定一致性,又可以提高频次来实现复利增长。西蒙斯用大奖章基金长期的投资实践,曾证明过量化派在获取超额收益上的可能性。进入 21 世纪,机器已开始占领了人类无法感知觉察的超短线市场。

中国 A 股的诞生不过三十几年,投资思想理论主要来源或借鉴于西方,必然受到西方投资思想的深远影响。但股市研究的重心,如 20 世纪从欧洲转移至美国一样,21 世纪很可能将从美国转移至中国,中国股市在未来非常可能成为全球最佳的"实验室",在投资理论上获得新的突破。任何西方文化和东方文化结合的产物,既有双方和谐的地方,也必然存在双方冲突之处。从求生存的实践出发,在西方哲科思维的基础上,借鉴优秀的东方技艺文化,或许能产生新的股市智慧。针对股市生存,最为经典的三本著作《易经》《道德经》《孙子兵法》,也应作为投资理论研究的文化基础。这三本经典,分别是关于变化的哲学、关于自然的哲学、关于斗争博弈的哲学。

市场结构

我所指的结构,是对市场系统向不同角度进行内部解剖后,所呈现的骨干。了解市场结构,是剖析市场的重要方法,是找准原因、精准实施操盘手术的基础。对投资结果影响比较大的市场结构分析类型,主要包括行情结构、趋势结构、参与者结构、量价结构分析等。

行情结构分析,是指根据贡献度或相关度,对造成市场指数上涨或下跌的股票所作的一种分析。我们经常遇到"赚了指数不赚钱",或者"抛开指数做个股"等现象,就说明当下行情只存在结构性机会,可能旱的旱死,涝的涝死。如果没有及时做市场结构解析,市场大势会呈现给我们一种扭曲的假象,误导自己的判断。可以"抛开指数做个股"的时间段,是指市场整体并没有看到明显趋势,但局部板块呈现明显的趋势特征。例如 2013 年的 A 股行情,上证和深证指数尚处于缓慢微跌阶段,但创业板全年呈现明显的上升机会;再如 2019 年以后,A 股市场持续出现核心资产的暴涨行情,但非核心资产股票且处于明显的熊市阴跌行情。如果没有尽早发现结构化行情的变化,在扭曲的整体行情走势面前刻舟求剑,就会错失巨大的市场机会。是哪些股票持续涨导致市场的涨,哪些又导致市场的跌,涨的和跌的股票各自呈现什么样的特征,这种结构化归类,隐藏了主流资金的投资逻辑和观点,必须高度重视。

趋势结构分析,是指对当前趋势的深入解析,以判断当前所处的位置和应采取的操盘策略。首要判断当前的价格位置,是处于上涨趋势、下跌趋势还是无趋势的整理阶段。如果处于明显趋势之中,原则上顺势进行买卖操作。如果处于无趋势的整理阶段,应有高抛低吸的操作意识。其次,就趋势的发展阶段,结合波浪理论,判断价格处于趋势的早期、中期还是晚期阶段,如果上涨趋势已经处于 5 浪结构,顺势追涨就要格外小心。即便处于上涨波段的3浪结构,仍然要看更小的时间框架内当前处于哪个浪形结构,在浪中浪,找见当前的位置,等待多周期共振的关键点,寻找最佳买卖点。然后,在周线级别和 30 分钟级别的时间框架下,看看上级浪以及下级浪中,当下所处的位置,就更加心中有数。

参与者结构分析,是指在全天贡献的成交量中,哪一类参与者控制了当日价格的运行。在某一日的成交中,市场主要包含两类参与者,一类是以高抛低吸作价差的套利中间商,是跟随行为角色,根据自己存货的多少来决定买卖;另一类是真想买入或卖出的中长线参与者(可能是几天、几月、几年),是真正控制市场的力量。套利中间商从中长线卖家手中买入筹码,转手又卖给中长线买家。中长线买家和卖家只在价格偏离价值较多时,方才进场交易,站在交易的两端报价,套利中间商也在装模作样地参与交易,也贡献了一定比例的交易量。只有了解中长线投资者的参与状况,才是获胜的关键。市场就像游戏,长线买方和卖方都在争夺市场方向的控制权。如果单边上涨,则中长线买方控制了当日主导权;如单边下跌,则中长线卖方掌控了局面;如果处于震荡无趋势,则控制市场的主导力量为套利中间商。了解谁在控制市场以及控制能够持续多久、何时出现反转,通过仔细观察当日行情,就可发现市场长线控制力量。解析当日交易市场参与者结构,对所有参与者而言都是有益的,对把握市场转变大有裨益。

量价结构分析,是结构分析中最具实战应用价值的部分,直接透视市场心理和影响市场走向。量价结构所反映的市场心理,好比市场的河床结构。河水下一步怎么流,很大程度上取决于河床结构。河床深而宽阔,河水平流而下;河床浅且狭窄,就会产生激流。如果看见河底,就基本上可预测河水在那个地方的行为。万物运行,遵循阻力最小路径,股价运动也是如此。关于量价结构如何反映市场心理,这个需要长时间去观察和揣摩,当下的参与者在想些什么,场外的资金又在想些什么,当下对谁更有利一些,股价往哪个方向运动阻力最小。随时衡量场内持筹者和场外持币者的心理状态及演变,哪一种倾向占据上风,就决定了下一步股价的走向。当交易者试图在阻力最小路径上逆行时,就不可能有"顺流而下"的舒适感。感受到了市场心理,才能学会与市场握手言和。

走势图表

股市的走势图表,是一套股票健康状况的体检仪器。图表信息解读技术在股市应用的地位,相当于医院的影像放射科,可以帮助快速得出初步的诊断结论。当然,对于一些老中医而言,可能并不需要这些。图表信息的使用,如果方法不当,就会解读出错误的信息,反而形成决策上的误导和干扰。这是很多价值投资大师反对以市场为师的理由。也有观点认为,图表只能反映历史和当下,不能预测未来,所以图表无用。从历史观的角度,当下虽不能决定未来,但会对近期未来产生明显的约束;历史虽不能决定未来,但仍具有预见性的属性。从法学角度,当前和历史的事实证据越充分,市场这位法官行使自由裁量权的空间就越小,案件未来审判的结果就越明晰,即便市场判决尚未发生,也不妨碍我们对判决结果进行合理预期,图表中特殊时期出现的关键点,是市场对未来走势判决中的重要证据。图表无用,主要针对的是大师级的"老中医",他对股市的诊断另有他法,对他而言不必借助于图表。但对于普通投资者而言,图表依然是最能依靠的工具,而且免费,我们不能错误理解大师们的本意和隐含前提。在自己没有金刚钻的时候,过早形成对图表的不屑一顾和鄙视。对图表的解读和使用方法,决定了图表功能的实效性。工具本身并无对错,错的往往是使用的人。解码技术未精进,不能责怪工具不好。只要我们对图表的预测精确性没有过多的苛求,图表还是能够为投资者提供重要的使用价值的。

图表的功效,并不完全表现于预测的有效,而在于给交易行为提供了实效。图表主要的实效,是对机会和风险的预警作用,对你的交易行为产生实际指导,辅助起到作为预测线索和证据的作用。图表是对历史和当下事实的准确描述,并对当下提出的未来假设提供直观验证功能。图表所记录的客观事实证实了假设,则可以放心继续顺道同行;图表事实证伪了假设,则应重新考虑假设的起点。也就是说,市场按照你设想的方向走,你就有了最强大的盟友,可让自己安心;市场没有按照你设想的方向走,你就先停下来休息,至少去重新体检并审视下健康状况。图表不能在任何时候都用于预测未来,只能在特定的历史时期产生对未来的预见性,并为你提出新的假设提供逻辑起点。图表会帮助我们了解群体行为的客观现状,为个体提供决策指导。

图表以形象直观的方式调动人类潜意识的能量,可迅速对当下趋势作出判断。人类的心智结构具有稳定的模式,这些模式会以价格的组合形态反复呈现在图表中。无论是呈现趋势特征、无趋势特征的价格形态,还是趋势反转特征的价格形态,这些形态的识别,不用绞尽脑汁,无须耗费有限的精力和身体能量。图表所客观记录的形态,能够帮助我们克服对价格随机运动的恐惧感。特定的经典价格形态,是否出现,何时出现,是市场的自然选择,由市场说了算,当市场并不出现我们期望的形态时,也不能去强求,无须做一些无事实根据的想象,只须耐心等待。此外,根据形态的相似性,也可利用图表,从众多股票中,快速筛选出值得深入研究的标的线索。图表的"象",会起到缓解我们心理压力、节省我们有限精力的作用。

图表在价格、成交量、运行时间、涨跌幅度上提供量化数据。通过比较分析数据,特别是价差、量差、时差、位差,对何时引起质变或改变现象的呈现,提供了临界的提醒,为我们的预测和决策提供了帮助。例如,价差与量差的互动关系,揭示了场内持筹者和场外持币者的控制力量大小,价格在下一步会沿着阻力最小的路径前行,为行情的短期走向提供了可靠度较强的预测。时差与位差的互动关系,揭示了股价的运行,大致在哪片时空区域会发生方向的改变,为行情的中期走向提供了模糊预测。

交易盘口

　　我所指的盘口系统，是指操盘手在临场操盘时所依据的综合信息系统。包括在动态看盘过程中，集合竞价系统、即时分时图表系统、盘口数据回报系统、实时排名系统、异常预警系统、实时新闻系统等。盘口系统，实时记录每一个交易时刻的成交、报价、排名情况等，是当日战场状况和形势的快报，是最原始的、第一手的未经整理和推导的一手资料，是价格趋势交易者，特别是超短线操盘手研判股价运行规律和打胜仗最为重要的依据。尽管盘口系统对长期价值投资者可能并无太大意义，但中国股市目前施行的是买卖 T＋1 交割制度，也事实上容许适度小量的先卖后买 T＋0 操作，各股票的每日交易量中，存在大量的职业短线客，作为中间批发商来囤货或卖货，甚至许多散户都有做 T 的操作习惯，实际上充当了零售商的角色，经常参与进货卖货的交易生意。针对职业操盘手和喜欢做 T 的散户股民，盘口系统具有非常重要的实战意义。因盘口信息量极大，且瞬息万变，观察盘口的工具很多，本书无法面面俱到，主要选取一些重要概念，做些分析和举例，以抛砖引玉。

　　集合竞价系统，决定了开盘价和收盘价，以及该价格的成交量大小。开盘价，是投资者经历一夜冷静的思考，并包含了上一交易日盘后新发生的信息，是市场最新的共同预期或操纵者故意而为的结果，对股价当日后续的发展具有极大的预示意义。开盘价平开,表明市场各方对昨日收盘结果的认同,各方力量暂处于平静之中,真实意图在开盘后的股价波动中再体现。开盘价低开,表明空方在今日有出货的意图,或者有故意打压股价以欲进先退的手法在低位补仓的意图。如果股价所处趋势结构位于 2 浪调整末期或 3 浪上涨初期,则后者的可能性大些;如果处于 5 浪末期,则前者意图的可能性更大。开盘价高开,表明多方有在今日继续进货的意图,或者有故意拉高出货的意图。判别意图的关键,在于股价趋势运行阶段的位置,如果处于 3 浪的早中期,则继续进货的概率高,可持股待涨;如处于 5 浪的末期,则隐含了拉高出货的意图,持股者应有及时离场的意识。关于集合竞价的规则,也必须熟知。在 9:20 之前的报单可撤,可能具有欺骗性,在这种时间段内是报价的试探,常隐藏今日主力的进退意图,应重点观察试探的方向;在 9:20—9:25 分之间的报价,不可撤销,相对真实,9:25 分的最终撮合价为开盘价;在 9:25—9:30 期间,只接受报价但不撮合,是 5 分钟的静默期,直至 9:30 分才集中撮合,正式打响战争。收盘价,反映多空双方决战的胜负结果,对次日的股价运动具有约束的预示意义,在短线交易中同样具有实战参考价值。当日大阳线则次日有高点可寻;当日大阴线则次日有低点可期;当日如带影线,影线长度表示一定的隐患程度。开盘价和收盘价的成交量大小,反映了该价格的重要程度和意图的真实度。

即时分时图表系统,主要包括分时图和 5、15、30 分钟图表等。分时图均价线,是多空双方盘中博弈的防线,其运行方向表明了当日股价运行的未来结果。分时均价线朝上,多方处于控制地位,当日收阳概率很大,不必在意一时盘中的上下波动。分时均价线走平,表明多空双方力量进入均衡,也可能是长线买家和卖家并未出入场,主要是套利中间商在参与交易。分时均价线朝下,如收盘价也在分时均价线以下,表明空方今日处于相对有利的优势地位。至于后续走势,主要取决于股价的位置,若处于高位,则明显对多方不利,应对风险有更多的警惕。在股价展开的过程中,随时借助5分钟或15分钟的走势图表,看看价格运行的趋势,如果逐浪下跌,处于明显的下跌趋势,那么在反弹的高点,都是超级短线应该离场的机会。此外,对5分钟图表也可从量价结构方面做进一步的印证,如上攻时小量,可能是多方主力依靠操盘技巧来弥补资金实力的不足,未来股价走势就更不能乐观。在分时图表系统记录的最高价和最低价,是多空双方的攻防极限,在极限处的成交量越大,则代表分歧越大,原来趋势发生转折的可能性就越大。在最低价放大量是对多方有利的信号,在最高价放大量是对空方有利的信号。对于超级短线,一般在开盘的半小时以内,就基本上反映了全天的走势,依据分时均价线的方向、股价处于趋势结构中的位置,以及量价关系等进行综合判断,可进一步提升预判的准确率。

　　盘口数据回报系统,主要用于鉴别成交数据的真假和辨识短期操纵行为。量比,是此时的成交量与5日均量的比值。如在股价的低位,出现量比明显放大,说明成交量产生质变,预示着场外新增资金的入场,对该股就应开始后续关注。如果在股价的高位阶段,出现量比的明显放大,则表明可能场内持筹者有大额的资金变现,会引发大家加速离场,宜出局或观望。内盘外盘,对当日成交量进行了拆解,以买进价成交的定义为内盘,常常卖方更主动些;以卖出价成交的定义为外盘,通常买方更主动。正常情况下,股票下跌,内盘会高于外盘,股票上涨,外盘会高于内盘。正常情况下的内外盘并无太多指导意义,更需要关注的是反常现象。例如,股价上涨但内盘高于外盘,说明主动高抛的成交较多,上涨并不扎实,对短期的后市不利;或者股价下跌,但外盘高于内盘,说明主动低吸的成交较多,下跌并不悲观,对短期的后市相对有利。买卖盘挂报,依据价格优先、时间优先的原则实时成交,挂单的不断增减,实际成交回报的数量,以及价格变动的方向,结合起来,用于分析欺骗的意图,思考主力诱骗和使诈的目的,具有极大的实战研判参考意义。如果挂单并未出现大单,但成交回报显示有大笔成交,且股价波幅并不大,很有可能是具有默契的对倒盘,以造成放量的假象,干扰对市场的短期判断。对大笔成交的数据研判,结合价格变化幅度和方向,能反映做盘气势的大小,发现主力资金的行为特点,以及是否存在持续的有序资金流。一些股票软件的收费功能,也提供股价排队系统的数据,对喜欢打涨跌板的股民了解自己报单的排队情况有一定辅助作用。特别是对排在自己前面的优先资金的撤单情况分析,能够反映一些真实的供求状况。

实时排名系统、异常预警系统、实时新闻系统等,都是在盘中快速筛选关注对象、快速发现黑马的线索,有利于快速出击市场已经赛出的黑马,抓住稍纵即逝的时机窗口。这个就像球星利用自己的经验意识、反应速度,打入制胜球的灵光闪现。是每一个超级短线高手都在寻求的临场随机应变能力。有些,在上一交易日的静态复盘中,已经有所准备,盘中出现的情形与计划一致,抓住机会的可能性就高些。就好比每一个定位球的战术,在事前已有充分演练,直接破门的概率就高些。如在交易时间段内,出现突发重磅消息,而此前的市场并没有对该消息有所体现,是市场最新鲜的题材,这时对暴利机会的把握能力,往往属于那些训练有素的超级短线高手。

　　盘口的解码能力和反应能力,是一种交易的技术,更多的是一种艺术。和足球艺术差不多,既有整体配合,也有个人天赋的成分。盘口艺术天赋,在某个年龄达到巅峰后,随着年龄和比赛场次的增长,难以长期维持竞争优势。无论多著名的球星,也终究要退役。

市场周期

　　周期是一系列事件的有序交替。自然界的周期现象,让我们懂得应当春播秋收、日出而作、日落而息。但很多股民,并不完全了解市场周期的特点和重要性,有的并未亲身经历过多轮周期,有的不会从历史周期中得到经验教训,更谈不上注意周期背后的原因,不懂得接受周期的暗示而采取行动。无论是什么风格的投资者,学会识别周期、评估周期阶段、理解周期的市场含义、遵循周期指引的方向采取交易行为,都是必学必练的基本功。认识和理解了市场周期,就可以将混沌的价格运行现象,化解为一种周期性现象,再将周期性现象抽象为股市的基本知识,将知识转化为行为的力量,最终会转化成投资的成绩。认识和理解市场周期,可以让我们看清大势,不被各种信息噪音所蒙蔽,在股市的决策会更容易,掌握交替发生的周期模式,可以让我们的投资做得更好,收获更多,也能规避风险,至少不会选择在熊市中期满仓出击。

我对市场周期的定义为,市场价格运行中,价格在两极之间来回波动运行,所呈现的涨跌交替现象的完整变化过程。市场周期,主要是宏观经济周期、企业盈余增长周期、市场心理和情绪周期的叠加,是各种不同周期彼此之间相互作用,产生了市场价格的整体形态,最终反映出的一个复合周期。市场周期呈现几大规律性特征:① 涨跌交替,互为因果。涨后有跌,上涨过程积蓄下跌的能量会导致下跌;跌后有涨,下跌过程积蓄上涨的能量会导致上涨。② 回归均值,常走两极。市场走到极端后,会回归均值,并进一步走向另一极端。市场在两极之间运行,不是走到这一极端,就是走向另一极端。③ 周期重演,相似而不同。涨跌交替现象的模式会相似,但周期振幅和时间长度不会完全相同。可以看周期大方向,但看不清细节。④ 周期叠加,相互作用。每当一个周期被识别它就会消失或改变,这种不协调,可归结为不同级别的多种周期相互作用,对所识别周期的扭曲。

一个标准的市场周期模型结构,有两个极端位置,否极(底)和盛极(顶),有中心点的连线(平均线)。周期中的价格运行若远离均值,奔向极端位置,往往被大众视为过度或失常,通常价格有回归均值的倾向,回到正常水平。为识别周期的阶段,便于统一表述,我们将市场周期划分为以下几个阶段。① 复苏阶段:价格在底部的否极附近,开始向均值回归,价格移向平均线。② 上涨阶段:价格从中心点继续摆动,冲向价格顶部的盛极。③ 筑顶阶段:价格在盛极附近震荡,但已无法继续前进,并出现衰落迹象。④ 衰落阶段:从顶部区域开始反转,价格向下摆动,回归均值移向中心的阶段。⑤ 下跌阶段：价格从中心点继续摆动，冲向价格底部的否极。⑥ 筑底阶段：价格在否极附近震荡，但已无法继续下跌，并出现底部形态。接下来，再一次出现复苏、上涨阶段，形成新的顶峰，然后再一次下跌，不停重复发生。以上结构的周期模式，通常包括两种方向相反的运动。在同一方向的运动阶段，既有回归均值的阶段（回归理性），也有进一步偏离均值的阶段（走向非理性）。

懂周期的投资人，和那些不懂周期的投资人做交易时，占据了巨大优势。对追求卓越的投资人，周期能够帮助洞察未来趋势，提高胜算，把握先机。利用好周期，在概率和赔率上，就占有知识上的优势，有助于在长期的投资过程中取得成功。既然股价运行存在周期现象，对周期保持感觉，就应当成为一种投资习惯或意识。当前处于某周期上涨阶段的开始还是尾声？当前某个周期的市场心理，是否正受到贪婪或恐惧的影响？当前某个周期的上涨阶段运行太久，是否已经处于盛极的极端？是否有转衰的迹象？当前股价所处周期的位置，是应当继续进攻还是加强防守？观察分析周期的当下状况，是为了知道如何应对未来，而不是为了精确预测未来。当股价运行到周期的不同阶段，支配未来价格运行变化的概率分布和赔率也会发生变化，重新复位。随时审视投资的胜算，我们在和别人对赌时，就具有优势。当投资者拥有强大的周期意识，每当重大风险来临前，就会有一种警觉。例如，在某个周期，上涨阶段运行的时间越久，下跌时需要释放的动能就越大，潜在跌幅可能越大，了解这一点，就可以顺利规避重大风险，投资者不会产生任何的幻想，不会被一时的价格诱惑所蒙蔽。

对股市有重大关联影响的其他周期类别，有经济周期、信贷周期、企业周期、心理和情绪周期等。市场所表现出的价格运行周期，是一个复合周期，受到上述关联周期的影响和扭曲，增加了演变的不规律性。个人对周期的辨识能力再强，也有人算不如天算的时候，即便是最有可能发生的事，也并不是确实会发生。从推测事件会发生，到事件真的发生，中间需要等待的时间，可能短暂，但在大泡沫和大崩盘这两种超级极端行情出现时，也可能很漫长。若熬不过去，就会对投资结果造成重大损伤。依靠周期的知识，我们并不能精准预测未来一定会怎样，但我们仍应尽可能知道当前身处何处，周期所处位置能够给予我们强烈的暗示，告诉我们该如何应对未来。为提升利用周期的实战效果，只有当周期走到最极端的情况下才作出判断，可以大幅提高判断正确的概率。对周期中否极和盛极的把握，在一个"极"字，行情是否延展到极致，是理解的关键。

市场情绪

价格运行的动力因，从最直接的表层来看，是场内筹码和场外资金之间的供需关系。但进一步深入来看，导致供需失衡的长期动力因，是场外的长期资金对价值增长企业股票的长期收藏，减少了市场筹码的供给，或者场内筹码的大幅减持增加了市场供给；导致供需失衡的短期动力因，除了长期投资者的扰动外，主要是股市参与者趋利避害的人性，通过市场情绪传递给了价格，价格运行又进一步强化了情绪。我们参与股市，都是期望获利，期待价格朝向自己预期的方向移动。我们试图避开犯错的痛苦,害怕出现负面结果,害怕套牢,害怕得而复失。在乐观时就会买进,在悲观时就会卖出。如果并非基于长期持有股票,决定我们买进卖出的,实际上正是我们自己的情绪。每一位短线交易高手,无不将市场情绪作为自己操作的重要依据。就股价的短期走势而言,市场情绪的影响力,占据了非常重要的地位,需要重点揣摩和研究。

市场情绪像一个钟摆,在贪婪和恐惧两个极端之间来回摆动,具有周期性。情绪的演变方向,是乐观者和悲观者之间的拔河比赛。乐观者想赚钱,悲观者不想亏钱,当拔河比赛开始后,如果乐观者占据了优势,价格就会越涨越高,加入乐观派一方的投资者会越来越多,从而形成压倒性优势,贪婪的情绪就会统治整个市场,所有上涨的理由会被充分挖掘,直到迎来最后的疯狂,游戏难以为继,叛变的抢跑者出现,市场上贪婪的情绪开始消失,恐惧的心理开始占据上风,并逐步主导整个市场,导致行情的迅速溃败。通常情况下,市场情绪具有传染性。大多数市场参与者的情绪,像羊一样成群结队,在领头羊的带领下,会朝着同一方向前进,导致市场情绪走向极端。市场的极端情绪很容易观察,目前市场情绪被两极中的哪个极端情绪主导,在价格走势上往往一目了然。市场情绪很容易变化,情绪转换有时非常快,只需要几天即可改变。所以,市场情绪,对于短线交易者的意义更大一些,是踏准交易节奏的晴雨表。

观察短线交易者的赚钱或亏钱状态,赚钱效应和亏钱效应的循环往复,可以用于揣摩市场情绪的演变。短线交易者的买入法,主要分为追涨和低吸。在市场情绪由差转好时,短线交易者喜欢追涨,如果追涨的人受到了市场的奖励,就会增加自信,快速地投入下一品种,继续追涨,当这种行为产生群体效应时,上涨行情就有持续性,市场形成了赚钱效应,将市场情绪推向乐观的高潮。此后,当追涨的接二连三地失手,连续亏钱,就会进入反思,减少追涨买入操作,当这种行为产生群体效应时,缺乏后继追涨者投入资金,强势股就容易形成补跌,形成亏钱效应。市场情绪开启周期转换,市场情绪由好转坏时,市场上也存在一批喜欢逢下跌低吸抄底的人,如果抄底的人赚钱了,就会继续抄底,表现在盘面上就是下跌趋缓。而当抄底的人也亏钱了,他们就会减少抄底的操作。抄底资金的减少,这是行情逐步进入崩溃的前兆,稍有股票卖出便产生无抵抗下跌,直到卖出者无以为继,做空动能消耗殆尽,出现否极泰来,再次情绪转换。

理解市场情绪,观察其周期性变化,对投资实战有较大帮助。就短线交易者而言,可以优化当下的交易策略。以否极泰来时刻为起点,当行情尚处于强势上涨的初期,交易者应追涨买入市场刚产生的强势品种;进入强势行情的中期,追涨和低吸均能获利,以持股待涨为主;进入强势行情的末期,应以高抛卖出策略为主,停止追涨买入;进入弱势行情的早期,应以高抛低吸为主,禁止追涨;进入弱势行情的中期,应快速杀跌并保持空仓;进入弱势行情的晚期,低吸超跌的崩溃股。当追涨买入和低吸买入均产生亏钱效应,容易引发行情的崩溃,短线交易者应高度警惕,回避情绪周期走向否极的主跌段风险。当追涨买入和低吸买入均有赚钱效应,容易引发行情走向高潮,短线交易者应大胆进取,避免踏空行情的尴尬。就长期价值投资者而言,利用市场的情绪周期,可以把握好的买点。当市场情绪极度低迷的时候,也提供了以好的价格买入中意的好股票的重要时机。作为职业的价值投资者,不能陷入市场情绪之中,被市场情绪所支配,而错失本可抓住的市场良机。

投资风险

如果股市存在绝对真理,那么真理只有一个,即,股市有风险。不管你采用什么投资方法,也不管你曾经的战绩如何辉煌,如果解决不了有效管控风险的问题,好不容易滚大的雪球随时会散,就不可能稳定赚钱,成为不了股市中最后的赢家。成功无数次,破产只需要一次。只要你心存侥幸,忽视风险管控,股市灾难总会以你意想不到的方式出现。无数股市英雄豪杰,所遭受的重大打击,无不与风险控制不当有关。利费摩尔,著名的股票大作手,依然难逃股市风险降临的厄运,破产后用枪结束了自己的一生;格雷厄姆,价值理论的鼻祖,巴菲特恩师,1932 年巨亏 70%,接近破产边缘;丹尼斯,海龟交易法则开创者,1988 年巨亏过半,次年退出投资界;曾被索罗斯盛赞的操盘手尼德霍夫,在自己的著述中声称,直到 1996 年自己还保持着投资界最佳纪录,为该年度的最佳基金经理,然后 1997 年泡沫崩盘了,遭受毁灭性打击,只能变卖自己的收藏品;美国长期资本公司,由诺贝尔经济学奖得主领衔,曾是华尔街学习的对冲基金标杆,因为忽视小概率事件的发生,而于 2000 年破产清算。无论你是普通股民,还是股神,只要身处股市之中,风险永远相伴,这是股民的宿命。当然,无论是做生意还是谈恋爱,都会有风险。风险是收益的必然代价,不主动拥抱风险,也不可能获取收益。为人处世,不能奢望躲避所有风险。"股市有风险,入市需谨慎",常作为对新股民的忠告,但谨慎不是风险的解药,反而容易让人畏首畏尾。股市如战场,面对生死存亡,没有军事理论把谨慎作为灵丹妙药,而是强调知己知彼,百战不殆。要在股市长期生存,就必须对风险有高度重视和深刻认知。了解风险的类别、管控工具,了解自己能够承受风险的极限,并据此拟定风险管控策略,才能真正处理好风险难题。

做好风险管控,先要厘清风险的来源和类别。风险来源于未来的不确定性,未来事件仅部分可知,绝大部分是不可知的。在完全不可知范围内出现的风险,人类就没有好的办法管控,没有办法时的办法,就是不参与,坚决回避,来应对不可知风险。你知道去哪个地方可能会淹死,就永远不要去哪个地方。如果习惯参与单次定输赢的赌博,或者习惯使用有强制平仓约束的借款来豪赌,习惯认为小概率事件不会发生,都是对随机性和不可知风险的蔑视,迟早会导致永久性失败、永久性损失,丧失在股市继续生存的能力。任何导致你无法继续在股市继续玩下去的行为,都是投资的天敌,要避而远之,万万不可心存侥幸。在部分可知范围内产生的风险,如果可以衡量风险,对风险有认知,别人所认为的风险,对你来说可能是机会。此类风险如果一味地回避,也会产生丧失机会的风险。例如,交易风险存在可认知部分,如果掌握了胜算,单次交易行为结果随机,多次交易行为整体结果在统计上会呈现概率规律。对这种可认知的风险,通过权衡机会和风险的大小,在赔率上赚多赔少,或者概率上赢多输少,就知道什么时候该冒险,什么时候该谨慎。在具备胜算和风险管控的情况下，风险能够转化为机会。此类可认知的风险，是投资人应积极研究的风险类别。为管控好投资风险，股市前辈们逐步摸索形成了"坚决回避、强制限定、组合分散、转移降低"等常见的风险管控思路。

　　不同的投资流派，对风险的认知、衡量和管控方法有别。短线趋势交易者认为，不掌握胜算的交易以及单次交易结果的随机性，是风险。他们衡量风险的方法是风险回报比。他们主张，构建交易体系，只选择在赔率和概率上占有优势的地方进行交易，以容错止损和单次限仓的方式，将单次风险强制限定在合理范围内，降低单次的随机风险，通过交易体系在整体上的赚多赔少来实现获利目标。长期价值投资者认为，造成永久性损失的可能性，为风险。他们将风险分类为永久性损失风险和暂时性损失风险。只要未来5—10年的长期价值有可能大幅贬损甚至消亡、发生永久性损失的股票，坚决不买入，对有永久性损失风险的机会坚决回避。对有暂时性损失风险的机会，在限定的认知能力圈范围内进行极致精选，适当构建投资组合，并以持有时间的长度，跨越周期的低谷，实现对暂时性损失风险的分散和降低。现代金融学派认为，股市风险无法像扑克赌局那样精确衡量胜算或概率，股市价格运行是随机漫步的游戏，用风险回报比来衡量风险，是主观的判断，缺乏科学性。他们认为，股市的波动性才是风险。为做好对风险的管控，应放弃追求卓越回报的次要目标，转向追求稳定一致性获利的首要目标，降低回报的波动率，实现复利增长。该流派用波动程度来衡量风险，也受到很多顶尖交易员和价值投资大师的质疑，认为这样的风险度量指标，根本不能反映整个市场或者个股发生剧烈变动的可能性和方向，与市场风险的关系很小。我们无须把注意力放在争论孰对孰错上，主要目的是理解每一路思脉形成的原因。帮助我们更加全面地理解风险，最终让自己接受并主动学会使用更多有效的风险管控工具。

投资方法可以存异，管控风险必须求同。投资方法论上可有不同视角，投资者无须过分追求投资方法的兼容并蓄，但在风险控制上，特别是在风险管控工具的使用上，反而一定要博采众长。不管各流派对投资方法的争论有多激烈，但在风险管控的态度上，所有的投资高手都有着高度的共识。投资最重要的事，就是控制风险、控制风险、控制风险。如果解决了控制投资风险的问题，投资的利润自然而来。那些长期超越市场平均水平的卓越投资者，无论是通过坚持寻找并持有更有价值的股票，对胜算有着高超的衡量技巧，还是通过策略熨平波动实现复利增长，他们取得成功的关键要素，除了有能力作出不同思考且比市场共识理解得更深、更对之外，主要还是对风险有着敏锐意识或者独特管控技能，避开了所有致命的风险。尽管投资者所理解的道不同，但并不妨碍对风险管控工具的借用。工具本身没有好坏或者对错之分，只有不同场景下使用的有效性、适应性和必要性差异。在正常市场情况下，长线价值投资者和短线交易者采用自己熟悉的风险管控策略，严格执行即可。但在极端行情，如股市暂时丧失流动性的情况下，有些风控策略可能无法有效实施，此时，如果投资者懂得使用风险对冲工具，或许可将投资者账户从猝死状态挽救回来。有关风险回避、限定的具体管控应用，在后续章节另表。应用市场风险转移降低策略，需要了解现代金融投资理论的一些基础知识。

　　了解现代金融投资理论,有助于增长避险的智慧。现代金融学派的起点,就是研究投资风险的管控,投资组合理论主张通过被动投资获得稳定的市场平均回报。因为波动性是稳定性的天敌,所以现代金融理论将波动性定义为风险,并将风险进一步细分揭示为系统性风险和非系统性风险。其中,系统性风险是市场整体性的风险,对市场所有参与者都有影响,这种风险无法通过组合投资来分散,常用贝塔系数来衡量系统性风险;非系统性风险与特定股票有关,这种风险可以通过组合投资多样化来分散掉。从转移消除系统性风险的角度出发,跨市场同步建立多空头寸,常以股票多头与股指期货空头组合,进行严格匹配,对冲掉系统性风险,在降低风险暴露的同时追求合理回报,从而构造出稳健的投资组合,组合的收益来源于选行业或选股,而与市场系统性风险无关。也即投资组合,追求经过风险调整后的收益(阿尔法),而不承担市场系统性风险(贝塔)。这种风险管控的思维模型,具体应用层面的案例很多。例如,参与定向增发组合投资时,因定向增发相对于市场价格有着较高的折价,所以采用股指期货或融券进行对冲,是锁定定向增发折价收益、减少风险的较优方案。此外,认购权证、可转债等常见金融产品,结合正股买卖,可实现锁定收益转移风险的套利。有关风险对冲、无风险套利等方面的知识技巧,普通股民接触较少,未列为本书重点,但对职业股民很重要,请自行进一步深究。

　　阿尔法—贝塔概念所构建的思维模型,对职业股民投资思想的进化还有更大的启迪作用。我们沿着该思想通道继续探寻,洞见机会与风险的排斥与共生,会发现投资风险的管控和投资机会的选择，可以在一个共同点上实现矛盾的统一，从而打破"投资收益高就一定风险大"的思想禁锢。我们发现在收益和风险平衡中，居然存在一个最优解或者说最优路径。那个最优解，是各大投资流派从不同坡面开启登峰之路的汇合点，也是股道求存游戏的巅峰极限值。那个最优路径可以提炼为，贝塔叠加阿尔法，即在最确定的范围内寻找更优。回到股市中其他投资流派的决策思路，就宏观投资者而言，在最佳的市场寻找增长更好的赛道；就长期价值投资者而言，在最持久稳定的赛道寻找更赚钱的公司；就短线交易者而言，在每个小周期的否极时点追随更强的趋势。股市之道的实践之路，应根据资金体量和剩余期限的不同，找到适合自己禀赋特点的坡面登峰，努力求存，最终朝向的极限目标，是同一个巅峰。任何超越极限的幻想，都会由风险出面来惩戒，让登峰者走下坡路。

宏观

第四章

宏观视角

　　股市是市场经济的一部分,经济是社会的一部分,要了解股市价格是如何运作的,既要从微观层面探究得深,也应站在更宏观层面观察得准。就像要了解地球,仅站在地面很难感知到地球的样子,只有进入太空,对地球全貌才能理解得更对。现代科学观对宗教信仰的挑战,就是从宏观的天体运行争论开始的,从而大大影响了人类世界观。宏观视角,对股民投资观的影响同样巨大,对认识股市必不可少。如果想要比市场共识理解得更对,就要跳出市场之外,看世界经济是如何运作的,观察社会发展大的浪潮和前进方向,了解经济和社会发展的基本常识。当市场所反映的集体共识,有违经济和社会发展规律的基本常识,就是个体发挥认知能量的时候。如果个体认识(以下简称个识)与共识相反,与常识相符,且你有信心认为个识比共识理解得更深,很有可能也更对,就要坚持个识,做好把握重大投资机遇或者规避重大投资风险的准备,观察趋势转折、危机的出现及其演变进程。作为价值投资者,想知道所投资的企业在未来还能不能创造社会价值,有没有前景,就要从宏观视角俯瞰经济和社会发展的大势,在对的方向上做时间的朋友。即便作为一名短线交易者,如果入市资金达到一定体量,宏观视角也同样重要,特别是政府宏观调控、社会意外事件等,对股市有重大冲击力的题材热点、风险信号,也直接影响着短线交易者的投资决策和业绩。

增添股市的宏观视角,是为了研判宏观大势,开拓全球视野,发现时代机遇,辨识经济周期,避险金融危机,培养对政府宏观调控的预见力,以及理解宏观调控对股市的影响度。稳定宏观视角的支架,可借助经济学和社会学的研究成果。社会学和经济学主要采用人文主义的理解方法,进行定性分析描述,这些学科对经济和社会运行的理解也在不断加深,一些分析工具或模型,初步具备科学主义实证的定量方法,例如动态博弈、动态优化工具等。但这些社会科学定量分析模型仍然涉及太多的假设,导致结论难以完全令人信服。而且,每当经济学家或社会学家对某项理论模型共识度极高的时候,一场突发的经济或社会危机,就可以将共识的地基摧毁,但还是进一步促进了我们对经济和社会运行规律的理解,对相关理论的局限性认识也更加明了。这种认识加深—摧毁—加深的循环过程,和对股市规律的认识过程也极其相似。总之,经济学和社会学当今所形成的经典理论成果,尽管在下个时代可能会被颠覆,但对于股市,仍可视作相对稳定的常识,可作为宏观视角下理解股市的知识框架。职业股民对相关学科有了解学习的必要。

经济学是研究经济运行规律和人类理性行为的学科,核心思想是资源稀缺性和资源的有效利用,既研究财富也研究人,分宏观经济学和微观经济学。前者重点研究社会整体范围内资源如何有效利用,构成政府干预行为的理论依据;后者重点研究个体单位的资源如何最佳配置,构成无干预自由市场经济运作的基本原理。其中,宏观经济学,是在 20 世纪 30 年代经济危机袭击下,以凯恩斯《就业、利息和货币通论》的出版为标志,蓬勃发展起来的一个理论体系,是对 18 世纪亚当·斯密《国富论》为代表的自由市场经济理论体系的一次纠偏。各国政府以凯恩斯主义实施对经济的调控,拟定经济政策,自此政府"看得见的手"和市场"看不见的手"相互交错,犹如股市中的市场失灵和有效市场假设之争,此消彼长。进入 21 世纪,中国特色社会主义市场经济理论体系建立,在自由经济的大舞台上,由政府来变动舞台的布景,在自由市场和政府调控之间实现了理想均衡,帮助中国经济实现了跨越式大发展,成为当前世界经济运行体系的最佳范例。中国政府宏观调控的一个重要目标,就是经济发展的稳定运行,避免经济大起大落的极端现象发生导致社会秩序的失控。该调控目标也帮助中国经济实现了稳定的复利增长,降低了经济发展的系统性风险。宏观经济学与股市的关联,主要反映在政府干预政策如何影响经济运行和股市泡沫。

微观经济学揭示自由市场经济运作的基本原理,以人性的趋利避害、人类会理性思考为假设前提,偏重研究经济个体为达成生存目标而运用工具、方法与可能采取的行为。个体为提高各自生存的质量,会理性思考并追求自身利益,进行生产、消费、储存、评估、投资、创造与交换等。微观经济学的历史渊源,可追溯到 18 世纪英国的亚当·斯密出版的经济学著作《国富论》,该书揭示国民财富的性质和原因,堪称西方经济学界的圣经,主要的核心观点有:分工能够提高劳动生产效率和增加国民财富;分工是形成交换的起因,要实现交换得借助货币这个媒介;商品和货币之间的交换,又引起了价值的衡量尺度和价格的构成及变动等问题;不采取自由放任政策,不利于分工和国民财富的发展。只要不管制,市场就会在人群中自然产生,市场这只看不见的手会引导人类进行理性行为选择,通过价格机制指挥经济的运行。微观经济学的一些经典理论,诸如市场均衡价格理论、消费者行为理论、生产者行为理论、垄断竞争理论和博弈论等,对投资者理解市场和企业行为均有重大帮助,是进行预测而必须依赖的知识。

社会学是研究社会现象和群体行为的学科。探究人性与社会秩序的关系,发现社会良性运行和谐发展的规律,以支配人的行动,探寻人类群体在社会更好生存的法则。如果全体股民组成了一个投资的世界,每只股票的全体股东构成那个"虚拟国"的"国民",每家公司的管理团队就是那个"虚拟国"的"政府"。作为一名可自由迁徙的投资者,该如何在股市这个小社会中更好地生存,该选择在哪个"国家"度过自己的一生,该选择怎样的行为方式与这个社会相处,都要从社会学理论成果中去借鉴智慧。社会学研究方法,主要是追溯过去以说明现在,立足现在以预测未来。为使社会学研究更科学,社会学家逐渐把理论与经验、定量与定性、微观与宏观研究结合起来,互为补充。为避免理论的空洞,防止经验的片面,社会学研究方法也在演进。社会交换理论、社会进化理论,这些社会学理论为股市研究提供了可借鉴思路,对投资者的思想理念和行为选择具有启迪作用。

社会学追求的目标是和谐共生。社会交换理论认为,趋利避害是人性中的基本行为原则,人际互动倾向收益最大化、代价最小化,倾向于减少不满意度,主张避免在利益冲突中竞争,而应通过互惠互利的社会交换取得多赢。该理论对选择投资方法的启示是,应尽量避免参与负和博弈的交易竞争,而应通过资本价值的时间交换获得增值利益。社会进化理论,用生物进化过程来解释社会行为和社会结构。顶级的价值投资者,已经开始把企业当作一个生命体来研究,从企业进化角度研判企业未来。

经济运行

当今世界经济的运行,主要被三股力量所影响,即科技发展的力量、自由市场的力量和政府调控的力量。科技发展的力量,起源于对未知世界隐藏秩序的偶然发现,由科学家提出系统理论和科学验证,再到企业家对科学应用场景的探索,最后到基于此科学的技术广泛应用,从而大大改变人类的生活,深远影响经济的生产,是经济增长的重要推动力。自由市场的力量,源于对人类的基本人性的历史发现,归纳总结出概率性规律,假设人类会理性选择自己的行为,以默认的生存规则进行人与人之间的社会交换。市场看不见的手以价格支配着人类的行为,从而影响着经济的运行。政府调控的力量,是对自由市场力量的一种约束和限制,出于对维护整体利益的考量。如果人性追求个体利益没有节制,任由其自由发展,将对人类的整体利益造成伤害。政府调控的力量,会进行逆周期调节,改变了自由经济经济周期拐点到来的时间,其行为后果也会造成经济个体的存续延长或加速死亡。政府过分调控,也会破坏市场经济秩序,造成价格的扭曲,使得各经济体对经济前景的判断更为困难,影响经济体的生产积极性,也会阻碍经济的发展。无论经商或投资，对这三种影响经济运行的力量，均需要有敏锐的观察力和正确预判的能力。

科技发展对于社会的意义，本质是将科学理性运用于人类生存问题。只有当生产增长大于消费增长，人类才能有储蓄，并追求奢侈品或者交换未来的消费。科技发展推动改善社会生产效率，节省了等量社会生产所需的时间，节省的时间和精力，人类又可用于扩大再生产，使得原本稀缺的必需品，变得不再稀缺，在原本恶劣的生存环境下，不断提升生活水平，满足人类更富足的生活；科技发展也为人类提供了更多便利品，帮助延长寿命。但另一面，科技发展，导致的机械化、自动化生产方式，造成失业的劳工转向服务业，服务业兴起，让社会财富出现了产品和服务两种基本形态。此外，科技发展是利用自然法则重新构建自然，改变了人类生存环境，环境变化，反过来对人类群体的生存构成了新的威胁。为抵御生存环境的威胁，人类又产生了新的消费需求，也改变了部分社会生产方式。科技发展，改变了产品稀缺程度及其市场价值，提供了生活便利品，创造了新的消费需求，改变了生产要素的价值分布。就企业家而言，必须根据科技发展的进程，洞察社会需求变化以及需求的市场价值变化，在辨识判断变化的过程中调整经营策略，才能持续获取企业利润。就投资者而言，重点要关注改变世界的新科技，以及不易被新科技改变的老需求。伟大的上市公司，大部分来源于这两类，前者的新需求具有爆发性，后者的老需求具有稳定性。

理解自由市场经济的运行，先要从个人为维持生存所运用的方法入手，来解析市场经济的基础。个人求生存，首先取得生活必需品，并作部分存储。因从事某一项活动又不得不放弃另一项活动,要根据自身需要,作出最适当的选择,评估当时制备方法,依据需要的紧迫程度、取得制作方法需要花费的时间,得出两项活动机会成本之间的时间差异,节省的时间,就构成了自己的利润。储蓄利润,就可建造居所、制造衣物,并通过管理时间,优化取得生活必需品的流程,并通过技术发明创新,提高劳动生产效率,通过投资将必需品的制作成本进一步降低,就有更多的时间与精力,追求生活的奢侈品和便利品,实现生活水平的改善。作为理性的个人,评估、生产、储蓄、投资、发明创新都是必要的经济行为。社会不过是个人的集合,就社会而言,群体维持生存,还可以与他人交易,个人能将自己储蓄的物品,交换他人的产品与服务,并通过专业化分工,将他人的发明创造为己所用,取得自己更需要的物品。如果很多人想要某种东西,并愿意支付对价进行交换,这种东西便具有市场价值。物品交换时,各自都会评估交换品的价值,并讨价还价,直到每一方都认为,自己以价值更低的东西,交换到了价值更高的东西,自由交易就会达成。由于价值评估具有主观性,与个人喜好、价值观念、他人需要的紧迫程度有关,双方对于价值的判断并不相同,但都认为自己可以获利,互惠互利产生了交易的欲望和动机。当交易活动越来越平凡和复杂,社会就会自发形成自由交易的场所,这便是市场的雏形。理解了个体和群体的经济行为,就理解了经济的行为逻辑是互惠互利,自由市场经济那只看不见的手,是个人理性行为在社会中的自然选择。如果自己没有从交易行为中获利,便是出现了个人主观上对价值评估的差错,或者行为的不理性。学习价值评估方法和克服不理性行为,也是个人在股票市场求生存的认知和修行重点。

政府调控对经济运行的影响,从微观层面,是对某类交易行为的禁止和某种产品或服务价格的管制或补贴。政府对某类交易行为的禁止,理论上会滋生"黑市",产品或服务在黑市中高价交易,或者推升其替代品的市场价格。对获得特许经营权的某些企业,政府管制形成了事实上的垄断经营,构成行业竞争的壁垒,间接保护了这些企业。政府对价格的干预,也无法回避市场供需原理。对价格的控制会造成供给缺乏,导致供不应求,进一步扭曲了价格的上涨,只是延缓了价格上涨的时间;对价格的补贴又会造成供给过剩,导致价格的下降,微观行业调控的措施,只是暂时更改了供需天平两边的砝码,其作用是维系价格的暂时稳定,避免价格大起大落对经济体的急性伤害。从宏观层面,政府调控主要是对社会总需求和总供给的控制或引导,以及对政府自身收入和支出的控制或规划,目标是维护经济体的经济秩序,控制通货膨胀率和失业率,维持合理的经济增长率。政府进行经济调控的主要工具,包括信用货币扩张政策、政府财政税收政策、外贸政策,以及产业规划和重大项目立项指导等。政府对利率、准备金率、贴现率、汇率、实际税率的干预或引导,以及产业规划导向,将直接对股市产生影响,严重影响股市的风险偏好和股市价格走势。如果能够预判政府调控行为引起的经济后果,投资者将能够从未来的变化中获利或避险。

社会经济主要通过价格机制与货币供给制度来协调运行。商品价值与货币价值存在比对关系。商品价格,是用货币表示的商品价值。价格的暴涨暴跌,除了供给或需求急剧变化外,更多的可能只是一种货币现象。商品的价格,与商品价值正相关,与货币价值负相关。在货币价值不变的情况下,商品价值提高,则商品价格提高；或者商品价值不变，货币价值在降低时，商品价格也会提高。货币价值的变动，与货币供给是否过量关系很大，主要由货币利率变动来体现。例如降息整体上会导致物价和股价的上升。货币供给与需求均衡匹配，币值稳定，则商品价格也趋于稳定；货币供给显著大于需求，币值降低，则商品价格普遍上升，易引发通货膨胀；货币供给显著小于需求，币值上升，则商品价格普遍下降，经济可能运行不畅。货币的需求，取决于自由市场中的生产发展和商品流通的需要，主要由自由市场决定。而货币的供给，取决于政府对自由市场中合理货币需求所作出的主观判断，主要由政府调控决定。政府宏观调控的艺术，反映在对社会需求的准确判断能力上。理解并用好经济学，离不开效用、理性、效率、供需、均衡五大主题，它们之间相互影响。自我效用最大化，是行为理性的定义；理性，是经济行为的诱因；效率，是经济行为最优路径的衡量；供需，又是讨论效用、效率的基础；均衡，是经济行为追求的理想目标。所有的经济行为，都在围绕供给需求来探讨，研究效用、理性、效率问题，都是为追求供给需求均衡的理想结果而服务。但均衡并不是稳定的常态。供给侧或需求端，任何一边发生变化，都会导致供需失衡，失衡引发市场价格传导变动。政府又会根据市场变化，再调整货币供给，推动经济继续运行，不断循环。

信用货币

股市中的价值，最终要以货币来计量。股市价格的涨涨跌跌，泡沫的滋生与破灭,归根结底是一种货币现象。要深度理解货币对股市的影响,先要了解货币的基本知识。货币为何而生?货币的本质是什么?最早的市场交换,是以物品交换物品。以物易物时,存在很多交易弊端,物品有时不容易分割、携带不方便、交易双方需求有时无法完全匹配,这些弊端妨碍了交易的达成。货币发明者发现,当供需双方因无法完全匹配需求而直接交易时,可以将所拥有的商品交给市场,获得媒介商品,当合适的所需商品出现时,再用媒介商品去交换,原本不会直接达成的交易,就可以间接实现交易。即商品所有与所需的转换,可以通过卖和买两个独立过程完成,交换过程中只需要一种彼此认可的媒介。货币的作用,是作为媒介协助交易达成,活跃了市场,促进经济的繁荣。货币是一项伟大的发明,提供了一种价格计量方法,可以将商品价值转换为数据的形式,以储存未消费的商品,待需要的时候,货币构成对未消费经济价值的求偿权,再兑换成所需商品。从货币诞生的历史来看,货币的本质,是商品间接交换的媒介,和存储财富的工具,也是一种人们普遍需要且认同其价值的通货商品。选择哪种通货商品作为货币,在人类社会的不同发展时期有所不同。农业社会时,人类主要选择贵金属等实物为货币,进入工业社会后,因商品交易量越来越大,贵金属等实物作为货币客观上难以承载巨大的交易规模,限制了经济的发展。某些政府经济顾问和银行家发现了这种问题,并意识到准备金制度与信用扩张,会给经济发展带来短期利益,以政府信用为担保的纸币随之出现,货币由此从实物形态,开始进入了锚定实物的信用形态。此后,全球化分工导致国际交换的需求急增,催生了国际货币的需求。第二次世界大战结束前夕,1944 年多国共同建立布雷顿森林货币体系,确立美元与黄金挂钩、其他国家货币与美元挂钩的世界货币体系,即美元作为国际货币并以黄金储备为锚定物。美元作为国际货币被各国储备,导致美国国内的美元供给不足,通货紧缩限制了美国经济的发展,美国经济低迷时各国又抛售美元兑换黄金,导致美国黄金储备大幅降低。双重打击之下,1971 年美国总统宣布美元发行与黄金储备脱钩,布雷顿森林货币体系也解体了。此后,货币逐步脱离了实物形态,完全转向了更难估量的信用形态。

我们对货币的认知,如果还停留在静态的票面数字或者实物形态,就无法理解货币贬值正在慢慢偷走我们积累的财富。货币是一种对全体使用者均有价值的公共商品,使用者应当合理承担货币发行者的发行及管理成本,货币发行者应当享有对使用者的征税权。但货币发行者都选择隐蔽的征税方式,通过货币贬值,间接征收一种看不见的货币税。货币票面价值数字没变,但实际购买力价值在下降,持币者贬损的那一部分购买力价值,就相当于发行者向持币者征收的货币税。货币作为特殊商品,受制于市场供需原理,但货币的供给,却并非取决于市场因素,而是由政府官员主观决定,为了刺激经济表现、缓解财政压力,政府习惯性超发货币。货币税的实际税率,与其货币超发程度有关,超发越严重,相当于货币税率越高。如何衡量货币是否超发,从理论上讲,货币发行增量,略高于货币锚定物增长量,是比较健康和公平的方式。最合理的,本应根据 GDP 的增长率、通货膨胀率来确定基础货币的增速,但在经济危机来临时,强国政府未必完全遵循这种发行纪律的约束,政治家会优先解决眼下自己国内的问题,让货币发行量的增长远高于 GDP 增长，面临通胀压力后，再通过阶段性信用紧缩，来掩盖货币超发程度。货币征税过程悄无声息，实际税率难以辨识，极容易被忽视和误解。如果税率明显偏离合理限度，就相当于对持币者进行了隐蔽的经济掠夺。聪明的持币者如果不情愿被征收明显过高的货币税，为维护自身经济利益，只能选择抛售该货币，或抛售以该货币计价的不可贸易资产。每当这时，市场也会自发寻找通货的替代品，短暂出现某种商品货币属性增强的情形，同时也给持有这种商品的群体提供了财富大幅增值的机会。例如曾经的比特币和茅台酒。投资过程中，要特别留意具有准货币属性的商品，及其货币属性增强或衰减的趋向。

尽管信用货币有种种弊端，存在掠夺无知者财富的社会不公，但世界经济的发展，已经无法再回到实物货币时代。信用货币已成为货币主流形态，无法逆转。要避免信用货币政策对自己财富的伤害，我们先要了解信用是什么？信用货币是如何在银行体系中扩张的？狭义信用货币，是市场创造的准货币，主要让未被利用的储蓄通过信用扩张得以发挥功能，促进市场活跃度，提升经济运转效率和财富增长速度。国家通过中央银行发行基础货币，通过商业银行投放信贷货币，并通过法定准备金制度来控制信用松紧。纸币被世界广泛接受后，以国家主权信用为担保发行的基础货币，尚有货币发行的锚，以各国自律的方式在约束货币发行量，常称为狭义货币（M_1），主要包括银行体系之外流通中的现金（M_0）和活期存款等。但反映社会总需求变化的广义货币（M_2）供应量，并不仅限于国家主权信用货币的发行量（M_1），还包括以商业银行信用为基础通过信贷市场投放形成的信贷货币。后者成为广义货币

(M₂)供应量之中更主要的品类。作为信贷货币提供者的商业银行，只要让存款者相信其清偿能力，可以在准备金制度约束下反复使用信用，产生放大倍数效应，使得每一元的央行负债，经过商业银行的经营运作，变成几元的商业银行负债。信贷货币投放数量，可能数倍于基础货币，与基础货币一起，构成了社会整体的货币供应量，也称广义货币（M₂）。M₂ 通常视作政府调控下的货币供应量。我国于 2025 年 1 月开始启用新修订的 M₁ 统计口径，故目前 M₂ 的口径也有相应变化。M₂ 的增长率，提供了一种资产增值率的参照。跑赢 M₂，是企业经营和个人投资理财的可预期目标，长期跑赢有一定难度。

对货币权的掌控，成为世界各国政治家施政时考虑的重点。在布雷顿森林货币体系解体后，美国为继续维护美元作为主要国际货币的地位，与石油大国达成协议，约定石油交易只能用美元结算，这强劲刺激了美元的国际需求，且美国控制了全球银行同业外汇结算系统 CHIPS，加上美国超级大国的国际地位，以及美元货币发行量在早期间接与美国经济增长量锚定所产生的信用，国际货币体系依旧延续美元为中心的格局。随着 2008 年经济危机的发生，为了刺激经济，由美联储发行货币购买美国因财政赤字大规模超发的国债，以缓解美国财政压力，走上了将美国财政赤字货币化的道路。如果美国到期国债利息超过其全部财政收入，美国没有信用再发行国债而强行不断超发美元，以美元为主要外汇储备的国家将分担美元贬值的损失，美元未来大概率会大幅贬值，会对我国积累的外汇储备产生重大影响。为防止美元信用崩盘给我国带来巨大损失，也为了助推人民币崛起为重要的国际货币，我国货币发行制度也将面临重大改革。我国货币的发行,在1995年以前主要以国家物资为锚,在1995年汇改以后主要以外汇储备为锚。央行发行人民币对流入外资强制结汇,汇率盯住美元,商业银行和企业基本上不保存外汇。这种策略保持了汇率稳定,保障了外贸发展,也使得外汇占款成为我国基础货币发行最主要的锚。我国外汇储备中美元占比最高,因此人民币相当于间接锚定美元发行,货币政策具有联系汇率制度的好处和缺陷,缺乏独立性。每当贸易顺差扩大,基础货币发行量大增,市场流动性泛滥,带来房价和物价上升;当贸易顺差缩小,基础货币投放不足,又会造成市场流动性缺失,引发"钱荒"和利率上升。外汇占款的货币发行方式,造成大部分基础货币以存款准备金形式存放在央行,提高了商业银行的成本,间接造成实体经济融资成本过高。货币政策改革过程,必然伴随重大利益调整。未来货币政策变化,与投资者利益密切相关。

要预测我国信用货币市场的改革方向,以及我国的利率、汇率、贴现率对股市的影响,既要了解世界范围的货币发行制度,也要理解我国银行体系和央行资产负债表的特殊情况。欧美国家货币制度对货币发行的控制目标,主要包含三个指标:通货膨胀率、就业率和经济增长率。每当经济危机出现时,政府为刺激经济,就会以凯恩斯主义关于增加货币供给的主张作为超发货币的理论依据,各国货币供给的增长率,往往远超经济增长率。在全球的货币超发竞赛中,政府的货币控制目标,主要转向控制通货膨胀率。在量化宽松政策下,世界大国之所以并没有引发通货膨胀,物价水平没有太大上升,是因为超发货币主要流向了投资品,推高了投资品价格,例如股市和房市的大涨。通货膨胀率主要以消费品价格来衡量,没有包括投资品价格,但如果计入投资品价格,则实际物价水平早已超出通货膨胀率很多。主要国际货币的发行,仅仅以控制通胀率为锚的流行倾向,会导致投资品价格的涨速明显快于消费品价格,如果自己的财富不以投资品的形式来保值增值,就会被超发的货币不断稀释。我国银行体系中,央行本质是商业银行的银行,央行负责基础货币发行,商业银行负责信贷货币投放。商业银行按吸收社会存款的一定比例在央行开立账户,缴存法定存款准备金,以保障储户存款的兑付。商业银行在央行账户里超过法定准备金的部分,为超额准备金。我国央行资产负债表,负债端主要为流通现金和对商业银行债务,包括央票、法定准备金、超额准备金等;资产端主要为黄金外汇储备和对商业银行债权,国债占比很小。外汇流入较快时,负债端的超额准备金和资产端的外汇储备就增加较快。外汇流入较慢时,央行通过降低准备金率释放流动性外,主要采用央票买卖和公开市场操作来调控市场流动性,同时引导利率预期。我国法律暂时不允许央行在一级市场直接购买国债。国债发行并未直接创造新的货币,国债融入资金,只是从社会民众转移至政府财政,到期后最终由财政归还民众。我国国债发行程序在没有太大改变的情形下,不太会导致通货膨胀。

如果未来我国也推行主权信用货币制度,从主要以外汇储备为基础转向主要以国债为基础发行货币,就要特别留意国债发行程序。凡是因财政赤字而发行的国债,必须继续坚持在二级公开市场发行,任何时候把财政赤字货币化,把发行货币作为工具,来满足政府透支需求,最终都会走向一条信用破坏的不归路。此外,国债余额与 GDP 之间一定要有比例约束关系,参照我国公司债券发行比例,按债券余额不超过公司净资产的 40％ 来控制,对于政府用于补充财政赤字而发行的国债,如果把政府也平等视为一家超大规模的公司,那么在二级市场的国债余额,理论上也应按照不超过 GDP 的 40％ 来控制;如果将来因经济增长需要,央行发行基础货币在一级市场直接购买国债,那么购买量最好不要超过 GDP 的 30％;两者合计应控制在 GDP 的 70％。即便经济危机来临,国债余额也不能超过 GDP 100％ 的红线。一旦国债余额超过 GDP,就意味着税收能力可能不足以返本付息,国家主权货币的信用就会丧失。此外,股票市场总市值、实体经济企业的债务规模、房地产总市值,与 GDP 之间,也应存在一定的比例约束。结合国际市场经验,股票市场总市值与 GDP 之间,以 1∶1 为基准,国民经济证券化率小于 100％,说明资本市场还有发展空间,股票市场总市值超过 GDP 的 150％,就意味着股市泡沫化,政府可能会引导资金从股市中流出,就要注意防范股市泡沫的破裂风险。实体经济企业债务规模与 GDP,比较理想的比例,也应维持在 1∶1 左右,企业负债率如果过高,往往企业资本负担较重,不利于企业提升综合竞争力。我国当前国民经济证券化率尚低,但企业债务规模较大,供给侧结构性改革正在引导企业,减少债权融资,增加股权融资。房地产总市值与 GDP 的比例关系,按照全球对比情况来看,合理比值大约为 2∶1,一旦超过 3∶1,可能房地产泡沫就会破灭。以上比例参照,有助于投资者衡量泡沫程度和市场投资风险,了解政府可能的宏观调控方向。

因信用货币市场运行和政府宏观调控而产生的利率、准备金率、贴现率、汇率等宏观指标,以及央行的公开市场操作,对股市价格运行、投资者信心预期和风险偏好有着重大影响。利率本质上代表的是货币资金的使用成本,在不同信用市场有着不同利率,不同市场的利差,反映对信用差异的补偿。商业银行存在央行的准备金,由央行支付利息,计息标准为准备金利率,被视作无风险利率;个人和企业将余款存入商业银行,商业银行支付的利息标准为存款利率;因准备金达不到法定准备金的最低要求,商业银行需向其他银行拆借资金补足准备金,计息标准为银行同业拆借利率;商业银行向企业和个人发放的贷款,计息标准为贷款利率;企业或个人与企业或个人之间的借贷,为民间借贷利率。对利率下限,我国央行直接进行了基准规定,对利率上限主要由市场约定和法律规定。多层次的市场利率,综合反映社会整体上的货币资金成本。如利率降低,企业生产积极性会高,储蓄意愿降低,消费品需求刺激会导致物价水平上升,但股市投资者风险偏好会越高,表现为股票市盈率整体性抬升。信用货币利率,也常与国债利率、企业债利率、股息率相比较,资金有寻求更高回报更低风险的倾向,会在不同市场之间流动,实现更优配置。股息率相较于债券利率有优势,就会增加股市的吸引力;反之,股市资金可能流向债券市场。准备金率,制约着商业银行投放信贷的货币乘数,直接影响信贷货币供应量。央行提高准备金率,信贷货币的投放就会减少,也即流入市场的资金量会减少,影响股市场外资金的流入量,甚至强化场内股票变现后资金的流出意愿,不利于股市后市行情;降低准备金率,则情形相反,央行释放的流动性可能进入股市,股市或迎来增量资金,对后市行情有利。贴现率,是对未到期票据提前兑现所需支付的成本。商业银行需要流动性时，需向央行支付成本，央行通过调整票据贴现率，可以影响商业银行向央行贷款的积极性，从而达到影响货币利率和信贷货币供应量的目的。汇率，是不同国家主权信用货币之间的兑换比例关系。汇率与供需失衡方向和利率比较相关，低利率国家的资金，容易流向定存利率高的国家。汇率对股市的影响，反映在国际热钱在股市的流进流出。例如，人民币处于升值预期，以人民币计价的不可贸易资产价格预期上升，会吸引他国资金向我国股市或楼市流入；人民币贬值预期，会导致国际资本的流出倾向，抛售以人民币计价的不可贸易资产。央行公开市场操作，是重要的渐进微调式的货币政策工具，既满足了调控的及时性，又避免了长期的破坏性。央行通过买卖有价证券，吞吐基础货币，调节货币供应量，引导货币市场利率走向。央行向市场释放流动性时，会进行逆回购操作，向市场购买有价证券并在约定期限卖还，到期日再向市场收回流动性。央行从市场收回流动性时，进行正回购操作，卖出将来买回的有价证券，到期日再向市场归还流动性。

金融资本

金融是什么？从字面解释为资金的融通，但从本质来讲，金融是资金跨时间和空间的价值交换。资金就是货币的概念。从货币诞生开始，今天的东西可以通过货币媒介，把价值储存起来，今后再用储存的价值购买其他需要的东西，货币既实现了在时间上的价值交换，也可实现跨地理位置在异地进行价值交换。借贷市场，是最纯粹的跨时间价值交换。约定期限到期后还本付息，出借人获得利息收入，借款人获得赚钱机会，能否到期返本付息，依赖于对借款人的信用评估。陌生人之间的借贷需求，需要具备信用的第三方来撮合达成借贷交易，银行由此得以发展。在货币进入纸币信用形态后，政府以国家主权作为信用基础，成立中央银行发行法定货币，为使银行体系在市场经济中运转，授信商业银行在最高杠杆倍数范围内，将揽入的存款按一定倍数放大，投放贷款，满足市场对货币的需要。一些信用优质的借款人，为降低其借款成本，希望直接对接出借人，出借人也想获得更高利率回报，借贷双方无须借助银行信用媒介，于是又发展出债券市场。债券市场依据借款人的信用等级，分为国债和企业债券。一些风险与机会并存的生意，创业者手上有订单或产品模型，希望融入发展资金，对于资金归还并不能确定时间和回报利率，但愿意采用风险共担、收益共享的方式进行未来收入的价值交换，一些资金闲置且风险接受度高的金主，也在寻找回报更高的投资机会。为链接创业者与资金方，也需要信用中介使其达成交易，这种中介服务类型，就演变成了投资银行业务，这种市场称为投资市场。为活跃投资市场和债券市场，解决资金方对流动性的需求，在资金方之间，又进行时间价值交换，投资项目份额，在不同资金方之间的转让流通，形成了二级投资市场，俗称资本市场。随着金融方法不断创新，又演变出多种金融市场分支，市场资金在不同的金融细分市场之间流动，并在整体上形成了金融体系。金融对商业来说是具有革命性的创新，把原本不可能开展的生意促成了，促进了实体经济的发展。各金融分支,都是在解决跨时间或空间的价值交换,股市自然也不例外。与股市相关度较高的金融知识,涉及对财富、资本化、流动性、资本价值、选择权的理解。

股市投资的目的是财富增值。财富存储方法和载体,决定了我们财富的增值保值结果。我们该如何存储我们的财富?先要厘清财富、资金、资本之间是怎样的一种关系。资金,可用于直接交换,是普遍接受的价值载体。财富,是指可控制使用的资产或权利,是一种可以产生价值的"东西",只是流动性或者灵活性,相较于资金相对较低。而资本,更多的是"东西"的权利证明,或者说是产权证,是资产权利登记"本子"。财富经过资本化后,就更容易变为资金。例如,一家拟上市企业,在上市之前和上市之后,企业并没有太大变化,但市场价格却立即发生了巨大的变化,股权可以变现的资金数量也会立马提升,就是企业未来的收入流已经成了资本。是什么造成了财富、资本与资金的差距? 是标准契约、自由交易、产权保护,这些财富资本化的市场基础制度,决定了财富、资本与资金之间的差异。标准合约相对于非标合约,交易者对合约风险理解越容易,合约履行交割也越容易,资本化价值就越大;其次,交易参与者进入门槛越低,自由交易就越充分,交易越活跃,资本化价值会越大;最后,资产权利保护越严格,违约或侵权的代价越大,其资本化价值就越大。以股市为例,同样一家公众公司,在 A 股上市与在新加坡上市,在创业板上市与在新三板上市,资本化价值差异巨大,这主要与交易活跃程度和投资者保护制度密切相关。交易活跃度,是资本变现便捷性的保证,越活跃的交易标的,越能获得流动性溢价。投资者保护制度,让违规代价增大,增添了持有资本的安全性和受损补偿额,就相当于获得了一种安全性溢价。在 A 股市场,曾经一度鼓励借壳重组减少退市,相当于给上市公司的投资者创设了一种受损补偿机制,导致炒小、炒差的投资风潮一度盛行,给"聪明"的资金创造了阶段性的暴富机会。还有,农村的集体建设用地,由于禁止自由交易,且缺乏产权登记保护,导致相同位置的土地价值差异巨大,土地财富尚未完成资本化,可变现资金就大幅降低。区分以上概念,并非要咬文嚼字,而是关系到财富内涵和资本价值的理解,在下一次制度变革时,能帮助清晰辨别财富增值机会或贬值风险,而不是停留在过往经验现象上,刻舟求剑。

流动性与安全性,是资本价值的两大核心。流动性,就是快速变现的便捷性,流动性高的资产,能够快速低损耗卖出大量持有的仓位。时间上越快越好,买卖冲击成本越低越好,能够买卖的数量越大越好。流动性的高低,主要从这三个维度衡量。流动性差的股票,吞吐资金量小,成交速度慢,冲击成本高。机构投资者喜欢买流动性好的股票,回避流动性差的股票。正因为活跃股受到很多投资者,尤其是短线炒家的热捧,那些股票交易量大、流动性好,做快速换手就不是问题了。这些股票在交易活跃期间,就临时具有流动性溢价,往往在短期内会涨得更高。但当交易活跃度降低之时,原来享有的溢价就会消失。那些平均流动性较差的股票,其价格就包含了"低流动性折价",在同样条件下,股价一般会更低。安全性,就是资产价值发生贬损的可能性,是财富保值的关键。安全性高的资产,资产变现时发生亏损的可能性较小。安全性涉及财富的权利保障和价值保障,当投资者的权利受到侵害时,如果存在赔偿机制，财富的保障度就高。价值保障，也会以选择权的方式体现，当出现不利情形时，如果能够行使选择权，降低自己的风险，资本价值在安全性方面就得到补偿，变现价格就可以给出一定的安全性溢价。喜欢投资可转债的投资人，可以深入领会一下安全性给资本价值带来的安全性溢价，以及在价格上的具体表现。当我们决定把闲置资金投向什么地方时，就是在选择自己的财富存储方式，究竟是投向房地产、股票、债券，还是投向实业，均需要思考流动性溢价或折价、安全性溢价或折价的问题，以正确认识价格与价值偏差的原因。

资本天生就偏好流动性。资金流进流出，俗称为热钱流动。钱甚至比大多数人都聪明，总会从高风险低回报的地方流向高回报低风险的地方，从价值未来贬损的地方，流向未来价值增值的地方。热钱流向哪里，哪里的商品或资产价格就涨。热钱从哪里流出，哪里的价格就跌。热钱似池子里的水，水流进来了，池子的价格水位就升高，水流走了，池子的价格水位就下降。经济周期循环，本质就是信贷货币的投放与回收所造成的价格循环。股市的牛熊转换，本质上也是热钱持续流进股市以及持续流出股市所造成的货币流动现象，该现象在股市会表现为股市的股票市盈率的升降。热钱为什么会流动，未来会流向哪里，就涉及不同资金群体对价值的认识判断。全球化后，国际热钱首先在国家之间流动，从发展潜力小的国家流向发展潜力大的国家。外汇流入的国家，将外汇储备发行为本国基础货币，基础货币通过银行的信贷投放，信贷货币再流入各个细分市场。吞吐资金量较大的几个市场主要有房地产市场、债券市场、股票市场、基金市场、消费市场、生产资料市场、劳动力市场等。在信贷货币资金总量一定的情况下,各细分市场价格会此消彼长,呈现跷跷板现象,吸收资金量越多的细分市场,其价格水平就越高,被吸走资金的其他市场,价格就会降低。在信贷货币资金总量增加的情况下,大部分市场的价格会上升,持有货币者会遭受购买力损失。资金的流动,有理性的一面,即资金追求自我效用最大化,不断从未来价值低的地方,流向未来价值高的地方,填平价值洼地;一旦洼地被填平,又会因从众的趋势强化,导致非理性出现,急速流入太多资金,产生价格泡沫。我们应结合经济周期的不同阶段、资金在不同细分市场的流向顺序,来优化自己的资产配置,大致可参考"美林投资时钟"相关知识介绍,有兴趣的投资者可自行查阅,主要用来训练自我的宏观意识。

随着金融方法的不断发展,金融除了解决跨时空的价值交换,也有了解决暂时价值分歧的功能,即选择权。当交易双方对于未来价值判断分歧很大,但分歧主要因为对未来收入或利润的假设基础不同时,可以创设选择权。当未来收入或利润的结果出现后,实际结果更接近某一方的主张时,另一方再作出部分利益让渡,调整原来的利益约定,达到双方认可的均衡目标,双方都不吃亏。创设选择权,使原本达不成的交易有可能达成,从而促进了交易的活跃。金融选择权,是一种重要的思维方式,可以解决掉自由交易中的分歧,并扫除掉价值交换中的障碍,也间接为金融资本提供了一种安全性保障。在股市中,比较多见的选择权应用有,资产收购时的业绩对赌、附条件的股权激励方案、认购认沽权证、可转债等。选择权是一种重要的权利,其本身也是有价值的。权利是一项隐蔽的资产,义务才是潜在的负债。放弃权利的行使,本身也是一种权利,并没有相应义务或其他后果,这种权利就是有价的。我非常不理解一些上市企业的高管,在股权激励方案刚推出时,就要放弃自己的认股权利,放弃零成本财富增值的可能性。这些现象发生的原因,就是对选择权缺乏认识和理解。全面理解金融的两大基本功能,以及对资本价值的重新认识,有助于我们在一个更大的范围,理好自己的财,而不仅仅局限于股市。我们当下该进入股市,还是该阶段性离开股市,就有了一个宏观视角。视野打开了,我们的财富存储也就有了更多的选择方案。

经济周期

广义上的经济周期,包括各类宏观经济周期,可分为长周期、中周期和短周期。狭义上的经济周期,特指中周期,即因信用货币扩张政策而引起的,经济繁荣与经济衰退交替呈现的循环模式。中周期本质是信用货币周期,一般十年左右循环一次。经济周期是市场周期的基础,有关周期的共性知识,可参考此前章节相关论述。相较于其他周期,经济周期时间尺度较大,经济专家对宏观经济预测,难以与股市近期走势形成稳定一致的对应关系,知晓宏观经济周期的知识,似乎对股市近期走势预测帮助不大,但并不妨碍经济周期知识对股市长期主义者的使用价值。望远镜不能当作显微镜使用,经济周期必须应用于大视野。投资者了解并辨识经济周期特征和运行阶段,可在经济复苏时期积极作为,选对行业赛道,抓住时代赋予的重大机遇;在经济狂热时期,提升风险意识,及时从激进转向保守,避开经济危机重大风险。理解宏观经济周期,特别要思考:哪些当下优势产业在未来将被改变,哪些价值在未来会发生贬损。这是长期价值投资者规避投资风险的立足根基。种子种错了地方,很可能长不出大树,要避免刻舟求剑,在一个错误的地方坚持。广义经济周期中的长周期,持续时间一般在三十到六十年,是要经历一代人或几代人才发生显著变化的超长周期,本质是科技发展和人口结构的变迁,主要由科技创新和劳动者数量推动,在单一年度很难发生显著改变。投资者对长周期的了解,有时要耗费人生半辈子,回头才能完整看清楚,长期的上涨会让人忘记周期的存在,长周期上行阶段有多漫长,下行阶段就有多煎熬。短周期,持续时间一般在一至三年,影响因子相对复杂,包括政府逆周期调控、意外事件、库存等引发的周期,但对股市中短期走势影响最大,通常是热点题材形成泡沫的发源地。无论是价值投资派还是趋势投机派,无论机构还是散户,都应非常重视经济短周期对当年度投资业绩的影响。

股市是经济晴雨表,不能错误地理解为,年度经济数据强劲增长,当年股市就涨,经济数据疲软,当年股市就跌。而是指,股市长期股价平均增长率与经济长期增长率相当。长周期经济增长率,就是股市熨平波动后的那根向上倾斜的趋势线,股价围绕该趋势线上下波动。一个国家的长周期经济增长率,一般用 GDP 增长率来衡量,与劳动人口、劳动时间,特别是单位时间内平均生产效率有关。劳动人口的数量,在一年内并不会有太大变化,大变化往往需要几十年。反映劳动人口变化的先行指标有,适龄生育人口数量变化、生育意愿变化、人口结构变化等等。平均劳动时间,与一个民族的生存地理环境有关,几代人励精图治换回一代人对社会福利的奢求,勤劳或安逸的作息习惯一旦形成也较难改变,除非生存环境发生重大变化。科技发展,提升了单位时间社会平均生产效率,是 GDP 长期保持增长的主要推动力。科技发展,主要分为科学发现、技术开发、广泛应用三阶段,每一阶段所经历时间,通常需要以 10 年为单位来计量。第一阶段主要由科学家完成理论论证;第二阶段主要由具备科学背景的企业家进行应用场景探索,实现从 0 到 1 的突破,解决效用问题;第三阶段,主要由企业家进行规模化应用,完成从 1 到 100,解决生产效率和成本问题。劳动人口增长和生产效率的增长,需要几十年才能体现明显变化,狭义经济周期,即经济衰退或者经济繁荣所形成的 GDP 周期性变化,并不能归因于人口和生产率的变化。

狭义经济周期,常常伴随泡沫滋生与破灭,投资者的感受最深。经济学家米塞斯认为,在经济萧条之后的经济繁荣,是不断尝试信用扩张降低市场利率的必然结果。以扩张信用带来的经济繁荣,绝对无法避免最后的崩溃,唯一的选择就是,自愿放弃进一步扩张而使危机较早到来,否则只能等待整体货币体系的后续瓦解。信用扩张而引发经济循环的过程大致为,不断扩张信用而降低资本利率,会引发社会总需求的增加,以及产品和服务价格的上涨,提升生产的积极性,带来经济的繁荣。直到增加货币也不能支撑经济的繁荣,聪明的人群终究会了解经济繁荣的真相,货币的实际购买力在不断地下降,于是开始囤积实物商品,对货币的需求开始急剧下降,演变为失控的通货膨胀,民众生活成本的提升,将使得政治家们迫使中央银行开始紧缩信用,银行开始收回贷款,企业为清偿债务,抛售存货求生存,物价开始下跌,生产资料的跌势会远快于生活消费资料,导致工厂关闭,劳工失业,经济信心低迷,加速通货紧缩的发展。如果某家大而不倒的商业巨无霸面临破产,震撼性新闻的传播会引发全市场的恐慌,市场恐慌进一步发酵,最终演变成经济危机,经济步入衰退。然后政府开始新一轮的信用扩张,来挽救步入危机的经济,刺激其重新增长,经济不断循环往复。增加货币供给,可暂时解决经济上的危机,但又会引发新的危机,并不会从根本上促进经济的增长。政府尝试信用扩张的动机,一方面源于凯恩斯的主张,增加货币供应能促进经济繁荣。凯恩斯认为,生产驱动力来自总需求,适度宽松地增加货币供给,可以鼓励每个人尽量消费。这种论调对于守财奴式的货币私藏行为,有一定道理,增加货币供给相当于对守财奴闲置资源征收了一种税,可促进闲置资源的周转流通,但这种私藏行为,在现实中极为少见。持币者大多将货币存入银行,储蓄增加了银行的信用,银行可以通过信用扩张将储蓄转化为新的投资或消费,储蓄行为并不会妨害经济增长。另一方面,具有国际货币地位的大国增加货币供给的动机,有向实行联系汇率制度的小国隐蔽征收货币税、剪小国羊毛的嫌疑。小型国家或经济体,为达成汇率稳定的目标,只能以储备他国货币为锚,实行联系汇率制度,跟随锚定的货币加降息,放弃独立货币政策,在经济困难时较被动,难以与财政部门联手应对经济衰退或危机问题。在经济动荡过程中,大国增加货币供应,对储蓄者和小国的经济利益,构成了隐蔽式掠夺。

　　经济短周期的波动,对股市中短期走势形成直接影响。热点题材大爆发和行情持续性,往往是由经济短周期的波动所引起。

经济短周期的波动,主要是政府为防止经济过热或过冷,逆周期实施调控政策而导致的,或者因发生意外事件导致的,例如战争、自然灾害、疫情等,也可能与存货周期相关。政府在经济周期走极端的时候,进行逆周期调节,在经济低迷或流动性不足时,投放流动性,增加股市的潜在入场资金;在经济过热时,回收流动性,会导致资金流出股市,不利于股市后续行情。政府进行产业规划而出台的减税或财政补贴,以及执法部门提高某些行业的经营要求,也会导致某些行业产生周期性波动。重大意外事件导致的经济波动,一般与恐慌有关,恐慌情绪的放大,导致经济的极端波动,大部分行业因恐慌而受到不利影响,但仍有少数行业因意外事件而因祸得福。与存货有关的周期现象,也称库存周期。企业过高估计了未来需求,会大规模扩产,导致产品供过于求,产品卖不出去,库存增加。而存货积压,会导致厂商进一步减产,直到存货恢复到期望的合理水平。库存的增加和减少,导致经济产出的短期涨跌。绝大部分的投资者都是盯着未来一两年的经济增长率,甚至一两个季度的增长情况,来做经济预测的。连续两个季度的负增长,往往就被视为衰退。市场参与者在不同时间尺度上形成的认知偏差,导致每年股价的平均上涨率并不会按照长期经济增长率来均衡发展,通常处于偏离状态。

学习经济周期知识,从股市投资角度,重点注意以下几点:第一,人生大的财富积累,要依靠天时地利人和,如果顺应社会发展潮流的行业是地利,个人能力及奋斗是人和,那么经济周期波动带来的机会就是天时,投资千万不要浪费天赐良机;第二,对经济周期转折时点的判断,除了依靠经济学基本常识,还可以借助市场图表这个反映大众共识的工具,当群体共识违反经济学常识,在图表上有所反映时,基本上可以判断转折点已经出现;第三,在一轮经济周期的泡沫破灭后,投资风险极大释放,会迎来绝佳的重大投资机遇,但此时股市投资者的情绪往往还停留在过去的恐慌之中,面对绝佳机会,困于从众心理,不敢涉足,或者涉足后小涨,即落袋为安,从而错失泡沫催生获利十倍以上的大机会,这种没有深度理解周期、因小失大的行为必须避免;第四,基于经济长周期,投资改变社会的新科技时,新科技并非越前沿越好,一定要了解科技发展所处的阶段,重点关注第三阶段从 1 到 100 的市场爆发机会。科技泡沫破灭后的幸存者,才有机会成为伟大的公司。很多初创高科技企业,未必能坚持到市场爆发那一天,投资风险巨大,投资时务必注意长周期所处阶段。例如光伏产业,无锡尚德创始人 2006 年一度成为中国首富,引发光伏产业造富运动,催生中国光伏产业迅猛发展,跟随者众。2013 年无锡尚德破产重整,2015 年江西赛维破产重整,行业泡沫彻底破裂。而时至今日,光伏产业领军企业已是另有他人,整个光伏行业进入蓬勃发展期。

供给需求

供给的目的就是满足需求。需求是什么?我所理解的需求,是有购买力的人群对生存需要和想要的东西的强烈交换意愿。当数量众多的人都想要某个东西,并愿意支付代价作为交换,这种需求便有了市场价值。在供给满足需求的过程中,供不应求的产品,在资本助力之下，产能迅速扩展，通常很快会走向供过于求。供给大于需求的那一部分产品，就形成了库存。如果需求能够继续不断增长，库存会被增长的需求所消化，产能开始重复利用进行生产供给，继续满足增长的需求。当供给尚不能及时满足需求时，产品紧俏，价格就可以高于其市场价值，引发资本逐利，继续产能扩张，直到供给远超需求的数量时，产品又会滞销，厂家为了尽快处理库存，降价销售，就会导致产品价格的下降。产品价格下降，产品利润率就会下降，进而减产影响产能利用率，产能利用率和产能扩张意愿的同时降低，也影响着产能的市场价值。判断一项产能的投资在经济上是否划算，取决于产能的可重复利用次数和产能的毛利率。如果需求下降或者不及预期，产品库存会积压，并导致产能利用率下降。产能折旧和产品库存的浪费，会吞噬生产利润，最终导致经营亏损。股票长期价值，与该企业核心产品未来需求走向密切相关。只有在未来不断有需求，企业产能才有供给价值。所以从某种程度上说，价值投资所投资的价值，完全藏于未来的需求之中。把未来需求研究透了，研究准了，投资就已经成功了一半。无论是成功的企业家，还是投资家，在预测有效供给数量和价格时，无不首先对需求有着远超同行的深刻理解。

需求是价值的起点，没有需求就没有价值。如果对需求认识肤浅，需求没找精准，或者把自我需求误认为是他人需求，企业供应的产品就很难获得市场成功。要把需求探究得深，就要从多维度，把需求概念做更为细微的区分。需求，首先有刚性需求和弹性需求之分。刚性需求，是生活所必需，没有就会给生活造成极大的不便，甚至让人生存难以维系，例如，布料、盐、油、住所、手机、医药、网络、车辆等。弹性需求,是生活中可有可无的需求,代表大众对美好生活的向往,本质是奢侈性需求,与财富积累有关,可进一步分为轻奢和普奢。信用扩张导致的经济繁荣时期,奢侈品价格往往比刚需品价格涨得快;经济萧条时期,奢侈品有效需求萎缩,刚需品价格会平稳些。根据需求的频繁程度,还可分为高频需求与低频需求。生产高频需求产品的企业,相较于低频需求产品的企业,消费者复购率会更高些,对于品牌好的供给厂商,在生意模式上就具有相对优势。根据需求对象,还可分为自我需求与他人需求。经营者容易不自觉地误以为他人也有和自己同样的需求,把小众需求曲解为大众需求,对市场空间的错判,常常导致产品滞销和经营失败。根据重要程度,还可以将需求分为核心需求和次要需求。核心需求是消费者的买点,而并非商家认为的卖点,缺它就不可。次要需求,是锦上添花,有它更好,没它消费者也可能购买。一个爆款产品,一定是在核心需求的满足上有巨大提升,相较同类产品往往效用好很多。有关需求的细分,还有很多的方法,投资者可自行深入研究,以更细致入微地认识需求。

　　需求,关系到效用问题和购买力问题。对消费者有效用,同时消费者又有购买力的需求,才算是有效需求。效用指的是我们自身因某种行为而获得满足的程度,效用因时间、地点、对象的变化,时时刻刻都在改变。例如,一瓶水和一颗钻石,在平常送人礼物时,比起送人一瓶水,送人钻石明显对方会受用和开心一些,但在沙漠中行走时,一瓶水的效用远超过一颗钻石。此外,人的欲望无穷,但个别效用有限,存在"边际效用递减"现象。当你饥饿时,第一碗面条的效用很高,但再吃第二碗、第三碗时,就没有太大效用。

正因为效用随环境变化而变化，以及存在边际效用递减现象，所以需求的交换价值也在发生变化，这种变化通过价格传导机制，影响产品供给价格变动，供给价格变化又影响着潜在消费者的购买能力和购买数量，最终影响着有效需求的数量。当供给数量等于有效需求数量时，就实现了理想的供需均衡，此时价格就等于市场价值。当供给数量越过有效需求数量平衡点，价格就会失衡，表现为价格降低。在供给满足有效需求的过程中，也存在有限资源利用的问题。在资源利用效率上，拥有竞争优势，才能在市场供给的竞争中，提升供给的市场占有率或者供给价格。要进一步理解供需关系状况，以及达成供需均衡的价格机制，投资者在今后学习经济学时，应特别留意效用、效率和均衡主题。准确预测有效需求，与长期保持高效供给，是对伟大公司管理团队的素质要求，该两项指标最能反映公司管理团队的持续经营能力。在做公司竞争力比较研究时，关键要比较分析公司对需求的精准判断能力以及供给时的高效组织能力。财务报表数据对这两种能力有定量反映。

传统供需顺序是，先有未被满足的有效需求，然后供给来匹配需求，与创新的顺序刚好相反。创新的本质是，创造新供给，来催生新需求，是从供给侧发力，来满足消费者前所未有的需求体验。如果能够精准发现未来的新需求，并开创一个新品类来满足新需求，引领未来需求潮流，进行颠覆式创新的企业，就会获得巨大回报。哪里挖掘新需求？需求均来源于个人和社会需要。从个人层面，生活中存在痛苦、浪费、危险、不便等麻烦，解决掉个人生活中的麻烦，就是需求的来源；从社会层面，人类集体需要清洁能源、洁净的水、清新空气、医疗保障、金融服务、有用信息等,满足公众的公共需要也是需求的来源。需求是经济增长和社会进步的源泉,甚至人类的发明创造力都是围绕需求而发展。传统需求终将随着环境改变和时代变迁而变化,而且按照马克思的理论逻辑,生产能力无限扩大的趋势,与广大民众日益缩小的消费能力之间的矛盾不可调和,供给终将超越有效需求,旧产能过剩的终局不可避免。围绕个人不断增长的生活需要和社会的痛点,总能不断探索出新需求。中国正处于经济结构调整和转型升级期,从出口外向型转向国内消费需求为主,主流需求对象在发生深远变化,未来需求的重点在中国。深入研究国内民众需求变化和科技发展进程,深刻领悟供给侧结构性改革的指导精神,选择那些主动减少无效供给、增加有效供给的企业,审视企业产品供给结构对需求变化的适应性和灵活性,能否更好地满足人民日益增长的美好生活需要。以上这些宏观方面的供需知识,有助于理解生意的好坏,也隐藏着发现伟大公司的线索。

　　好生意的本质特征就是供不应求。公司所提供的产品和服务能持续供不应求,其拥有的产能和品牌就成为赚钱机器,该公司就是伟大的公司。供给上垄断,和需求上持续,是最长久的供不应求生意模型。这类生意模型,是长期价值投资者最理想的选股范式,但真正具备此类生意模型的上市企业,在股市中屈指可数,投资者应倍加珍惜。按照供给需求之间的关系,可以把上市企业基本分为几大类:第一类,传统企业,即产品供给满足传统需求;第二类,微创新企业,供给不断优化适应需求变化;第三类,颠覆创新企业,创造供给来催生新的需求。第四类,衰败企业,产能过剩,供过于求,库存积压。如果喜欢投资第一类企业,那么传统需求最好是长期稳定的需求,是生活的刚需,而最原始的刚需就是吃和穿,其次是治病和娱乐,围绕长期稳定的需求,再考察谁的供给效率最高或效用最好,具不具备细分领域上的供给垄断。第二类企业,依赖于优秀企业家和管理团队的学习进化能力,在一个需求长期存在但又不断变化的领域,始终保持对需求变化的敏锐洞察,不断优化企业的供给结构,使得企业的供给长期能够实现需求的变化。如果这类企业的企业家发生变动,我们的投资逻辑往往也要发生大的变化。如果喜欢投资第三类企业,那么关键在于判断供给创造所对应的新需求,是伪需求还是真需求,是小众需求还是大众需求,是有效需求还是无效需求,效用是不是有"十倍好",价格是不是可接受。能进行颠覆式创新的企业,更加凤毛麟角,拥有类似于苹果、抖音这样的伟大产品的公司股票,是每一位投资者梦寐以求的事情。第四类企业,不应作为投资研究重点,逆袭概率太低,奇迹故事偶尔带来的兴奋,不利于投资获利稳定,本书不讨论。

社会变迁

社会需求变化,导致了产业的变迁,股市中一批白马股因此而兴旺,也因此而衰落。从股市的历史经验来看,当一种主流消费品刚开始进入千家万户时,生产那种主流消费品的优势企业,以及围绕该主流消费品产业链上的相关优秀企业,就容易成为那个时代的白马股,股价有时会有上涨几十倍甚至百倍的惊艳表现。中国家庭主流消费品，在 20 世纪六七十年代，是自行车、手表、缝纫机、收音机；到了八九十年代，家庭的"四大件"变成了彩电、洗衣机、冰箱、空调，家电企业顺势成为当时的大牛股；进入 21 世纪的前 20 年，电脑、住房、汽车、手机等先后成为家庭新的主打消费产品，股市涌现出更多的 10 年上涨几十倍甚至百倍的公司，如 IBM、万科、上汽、苹果等。家庭"四大件"变化，就是社会需求变化的缩影。围绕未来家用主打产品，其社会需求就有了基本保障，产品所涉及的产业链中，哪家公司的产品供给效率和效用最优，哪家公司就更有可能成为伟大的公司。再往后展望 20 年，人形机器人、车形机器人、飞行机器人、家用储能电箱等，或许有可能成为新的主导产品，进入千家万户。花精力了解社会需求变化和时代变迁进程，就是寻找未来白马股的有效途径。

社会需求变化，与科技发展进程密切相关。当科技成果的应用尚未完全成熟时，暂时无法催生出大量新的需求。每一个时代的重大科技创新，通常从新能源和新材料开始，产生新的动力，再构造新的硬件设备，构建基础网络和操作系统，再基于操作系统，开发出新的应用，改造替代旧的产品，整个过程往往需要几十年，直到效用和效率的改进，创造出显著不同于以往的体验，达到 10 倍好以上的程度[①]，极大满足用户需求，才催生出革命性的新产品。新技术的应用，构筑出新产业，将原有产业链彻底颠覆或者进行旧产业的升级，会带来巨大的生意机会。例如，如今的电动汽车和传统汽车相比，效用上有一些改良，但远未达到 10 倍好以上的

---

① 10 倍好理论最早出自彼得·蒂尔的《从 0 到 1》这部经典著作

程度。未来的无人驾驶智能汽车,其效用,应当会完全颠覆我们对汽车的想象。未来的智能汽车,可能既是一幢移动的房屋,也是一台高级的计算机,还是一台面向未来的通信设备,车内可办公、可娱乐、可休息,能够同时满足工作和生活的需要。当这样的科技集成创新产品出现后,只要效用超过 10 倍好,用户是完全难以抗拒的,巨大的市场需求,会深远影响产业链上的各行各业。当无人驾驶智能汽车这样的重大创新出现后,起码会有 10 年以上的渗透期,可为投资者带来巨大的投资收益。

社会需求变化,也与人均收入和人口结构相关。人的需求是有层次的,当人处于贫穷阶段时,基本需求就是吃饱穿暖,对商品的价格最敏感;当人脱离贫穷进入小康阶段后,就产生追求轻奢的需求,对商品性价比敏感;当人进入富裕阶层后,就开始追求一切的美好生活需要,对品质要求更高,价格作为次要考虑。中国人口众多,人群收入分布多样,对价格敏感、性价比敏感、品质敏感的,都有大量人群存在,中国的需求呈现多样化特征,无论在哪一个点上打动消费者,都会有巨大的市场。再过二十年,中国人均收入再上一个大台阶,主流消费的考量重点,将从价格敏感,逐步过渡到性价比敏感,甚至品质敏感。所谓的消费升级,就是这样的一种演变过程。人口结构的变化,也会大大影响社会消费需求的变化。老人、小孩、男人、女人的消费需求重点各不相同,哪类人群的占比在上升,哪类人群的需求在社会总需求的占比就高,哪类人群的消费需求,就会持续上升,相关产业的景气度相对较高。例如,我国未来 20 年的人口结构将发生大的变化,老年人的人口占比会持续扩大,围绕老年人需求的相关产业,就很可能是长期价值投资者苦苦追寻的优质赛道。未来持续发展的行业，藏在未来社会需求的结构变化之中。

在当前社会变迁过程中，生产力不断加速发展，生产效率越来越高，社会生产供给能力越来越强。而人类寿命是有限的，消费同样耗费时间，尽管欲望无穷，但消费总需求并不会无限增长，只是在总需求内部进行结构化调整。在有限的社会总需求之中，物质需求和精神需求的占比，正在发生大的变化，总体上精神层面的需求在增加。人类的精神财富，已逐步迁移至数字世界，精神观念在传递着价值，作为职业投资人，不应忽视价值观出现的新变化，也应对数字世界有足够的重视。

环境变化

人类利用科技改造自然，带来生产力的高速发展，代价是人类社会对自然欠下的债务。当自然环境恶化到威胁人类生存时，经济发展就失去了意义。因为工业化大生产，人类燃烧地下化石燃料，向大气排放二氧化碳，导致地球气温越来越高。飓风、洪涝、干旱等极端气候事件，到 21 世纪下半叶，可能会更可怕。人类不仅要停止向大气排放温室气体，还要从大气中消除温室气体，才能遏制住地球气温的上升。在自然灾难面前，人类命运共同体理念，会深入人心，维护人类公共利益的供给，其效用价值会越来越高。阻止气候变暖，是一场关系人类命运的全球性宏观调控，危机也必然蕴含着重要经济机遇，那些率先实现"零排放"的伟大企业和国家，无疑在未来几十年内将引领全球经济。谁在固碳技术方面取得重大突破,且能以低成本向全球推广,那么它就会迎来巨大市场需求。要实现碳零排放,即"碳中和"的目标,是充满竞争的国家之间少有的国际共识,是未来一百年全人类携手努力的共同方向,代表着未来的公共需求。而未来需求研究,是职业投资者研究行业发展前景和未来价值判断的重要基础。"碳中和"目标的实现过程,将会长期影响工业生产方式和我们的生活方式,有的企业会因此而消亡,有的将在转型中崛起。

投资者学习了解"碳中和"目标,从中有可能挖掘出未来伟大公司的线索。全球之所以会排放过量的温室气体,主要原因还是化石燃料在计算价格时,未对环境损害额作相应考量,忽略了它们对环境造成的长期损害,使得在表面上,化石燃料是最便宜的。人类活动造成碳排放过量的影响因素,按照突破能源联盟的分类,生产和制造环节占比最高,高达 31%,排放大户主要包括水泥生产、炼钢、塑料生产、炼油;其次为发电和储电,占比 27%;再次是养殖和种植,占比 19%;交通运输燃油排放占比 16%;此外,供暖和制冷系统占比 7%。要实现零排放的目标,以上所有类别的碳排放都要清零,意味着大部分行业都会受到深远影响。在全球范围内,清洁能源替代化石能源(煤、石油、天然气)的转型,已迫在眉睫,必须以"零碳"方式生产、发电、养殖、运输、调温。为解决这个不得不解决的宏大目标,在未来几十年里需要大量的创新,并将创新成果推广至全球各地。太阳能和风能设备在全球范围内已开始大量部署,发电成本已有大幅下降。金融创新方面,碳排放权已开始尝试市场定价。"零碳"商品的价值将享有"绿色溢价"。产生碳排放的商品,需要购买碳排放权来承担对环境损害的补偿。中国已经有了碳交易所,从发展潜力来看,未来应当是全球最大的碳交易市场。这些貌似与股市投资无关,但实际上已正在悄悄改变人类的价值观,影响着商品的未来价值判断。从流动性溢价和安全性溢价,再到绿色溢价,金融资本估值体系会产生大的变化。今后对价值的理解,需要增加一个维度,即充分考虑"绿色溢价"。此外,随着当前国际主流货币信用的逐渐缺失,未来国际货币形态或许发生重大变化,"碳排放权"有演变成价值通行证的潜力,值得重点关注。以强权为核心的国家主权信用货币,是否会演变成以全球公益为核心的"碳币",值得观察。"碳币",一旦作为人类普遍接受的新型国际货币形态,会直接颠覆原有的国际金融体系,对股市的影响不言而喻。

　　阻止气候变暖,是全人类的共同需求。有效用的大量需求,一定会创造巨大的市场价值。沿着长期价值方向的指引,对新能源、新材料、新食品、新交通的"绿色溢价"深入研究,会寻见当下商品价格与未来价值的巨大偏差机会。计算新能源技术的绿色溢价,首先得了解发电和储电过程中温室气体的来源。以电力为例,早期主要是水力发电和化石燃料烧水,水蒸气驱动涡轮机发电。水力发电过程并不排放温室气体,但在修建水库大坝的过程中,土壤中的碳会转化成甲烷,逃逸到大气中。水电的发电量受季节影响,选址也有局限性,而化石燃料没有这样的限制,随着电力需求爆发性增长,人类选择了化石燃料的电力发展路径,大量碳氢化合物燃烧产生二氧化碳,排入大气。太阳能和风能发电,没有排放温室气体的顾虑,发电成本也极低,但阳光和风是间歇性和季节性资源,往往夏季产能过剩,冬季产能不足,很难全年无休发电。要避免断电事故的发生,就需要储存电力的电池设备,又会增加电力存储成本。解决上述弊端,一方面需要新技术大幅降低电池成本,另一方面也需要寻找替代解决方案。例如,通过核电或者装备碳捕获装置的煤电厂来补充电力供应。核能发电,目前比较成熟的是核裂变发电技术,即通过分裂原子获得能量,核能面临的麻烦,是核泄漏事故和核废料处理。核能发电的另一条技术路线,是核聚变发电,氢原子聚合转变为氦,在聚合过程中释放能量。形成核聚变异常困难,尚处于实验阶段,但核聚变所产生废料的危险程度,较核裂变低得多,用核聚变发展核能的前景,也不容忽视。关于储能电池,发明家几乎研究了制造电池的所有金属,锂电池仍是目前最优选,但性能提升空间已经有限,且锂本身是不可再生资源,会越来越贵。正在研究的液态金属电池,作为满足城市供电的电网级电池,可以快速存储和输送更多能量,已获得实验室验证,但尚需大幅降低电池成本。氢燃料电池,也是储能最期待突破的方向。先用富余太阳能和风能制造氢气,压缩存于燃料电池中,待有需求时,用氢气和氧气发生化学反应时获取的能量再发电,其本质是用清洁电力制造无碳燃料,燃料存储以备急用,随时再转化为电力。氢相较于锂,是可再生资源,比锂能具有先天优势。碳捕获装置,可帮助煤电厂在废气排放前,直接吸收掉二氧化碳,该装置成本仍有较大改进空间,才能增进煤电厂安装该装置的积极性。此外,相关公司也在研究更好吸收二氧化碳的新材料,以降低空气碳捕获的成本。

计算新材料的绿色溢价,也要了解产品制造过程中的哪些环节会排放温室气体,针对薄弱环节,创新生产工艺,开出"零碳"制造方法。水泥的制造过程中,石灰加热就转化为氧化钙加二氧化碳,是碳排放面临的最大挑战,目前比较有创意的解决方案是,利用海水和电厂捕获的二氧化碳生产水泥,将碳固化在水泥之中,可以减少 70% 的碳排放量。炼钢的加热过程,需要燃烧煤炭,目前出现的新工艺,不再使用焦炭和熔炉炼铁,而是让电力通过电解池将液态氧化铁分离,获得纯铁和氧,如果这项工艺能实现工业应用,就可以生产清洁的钢。塑料的生产工艺改进,今后不但可以不排放碳,还可以消除碳,把碳固化于塑料之中,实现净负排放。把碳封存于材料之中的固碳理念,是获取新材料绿色溢价的主流途径,前景广阔。计算新食品的绿色溢价,需要了解植物施肥、牲畜饲养过程的温室气体排放。植物生长过程需要施肥,而化肥的生产过程需要热量,燃烧天然气会产生温室气体,且化肥的运输过程,需要汽油提供动力;施肥后,氮肥部分会以一氧化二氮的形式逃逸到空气中。对植物因施肥而排放温室气体的解决方案,就是对植物种子进行基因研究,开发出不需要使用化肥的植物品种,或者研发固氮微生物来替代化肥的使用。食用动物饲养过程中,动物胃中发酵产生的甲烷,会通过打嗝或放屁的方式排出体外,此外,动物粪便分解时会释放强大的温室气体组合,一氧化二氮和甲烷。停止食用动物饲养,似乎不太现实,吃肉已是人类的饮食习惯。基于植物基的人造肉,作为替代肉食的解决方案,在资本市场曾有过不错的表现。植物基人造肉的最大问题,不在于价格,而在于味道,人们是否愿意接受。人造肉的另一个研究方向,是培植肉,使用细胞繁殖的方法,用真肉繁殖肉,肉在实验室培育,而不是农场饲养，这个过程不会产生任何温室气体，但生产成本还需要降下来，而且民众的接受度，也是一个考验。关于气候影响，有兴趣的可以去精读下比尔·盖茨的新作《气候经济与人类未来》，获得研究相关行业的基础知识。

行业

第五章

选对赛道

社会上的各行各业，有些行业发展得快，有些行业发展得慢；有些行业一时赚一时亏，有些行业基本稳定增长；有些行业辛苦不赚钱，有些行业赚钱不辛苦。一个个细分子行业，犹如运动竞技场的赛道，所以有时把宏观投资称为"赛道投资"。所处行业是企业发展的基础，一家亏损的上市公司进行资产重组，转换成朝阳行业，股价往往立即飙涨，短期出现惊人的涨幅，就是转换行业的威力。如果选的行业不好，在该行业选出好公司的概率就很低。投资时，首先要考虑行业，选对有前途的行业，投资就已经成功了一大半。投资界有一种流行的说法，投资超额利润，70％来自选对行业，20％来自选股，10％来自择时，可见选对行业，对投资结果的影响有多重要。对于长期投资，我高度认同这种观点，拉长观察尺度，择时重要性就会降低，只要行业在高速增长，且有足够的耐心，哪怕暂时买贵了一些，从长期来看影响也是微不足道。例如，茅台的股价涨到 2000 元时，当时是 20 元还是 30 元买入的，就已经不重要了。同一行业不同公司，往往产品相似，能够相互替代，最具竞争力的企业，会比行业发展平均速度更快一些，但这种差距，并没有行业之间的差距那么大，随着时间的推移，选对行业的重要性会越来越高。行业不同，企业业绩状态不同，市场愿意给的市盈率也不同,很容易形成"戴维斯双击",产生股价的乘数效应。个人投资要实现长期的复利增长,唯一可持续的方法,是在行业景气度快速上升阶段,买进该行业最好的上市公司股票,等到行业景气下滑或者公司高速发展期过了,再换入其他景气行业的龙头公司,周而复始、循环操作即可。优秀企业都是时代的产物。如果精准把握了时代经济发展的脉搏,投资出手对准了刚刚起飞的大风口行业并长期坚守,那么在 20 年内出现百倍财富增长机会,对于长期价值投资者并非遥不可及。对于短线交易者,题材的短期炒作,大都是在一个业绩快速爆发的行业展开,即便短线交易也离不开对行业的深入研究,只是投机者对行业研究的侧重点与长期投资者不同而已。

人的时间精力和资源都是有限的,尽量不要踏入衰落行业进行深度研究,更不能进行大额投资。在一个衰落行业里搞投资,方向就选错了,很难取得好的投资结果。一方面会有极高的机会成本,会丧失其他更好的投资良机;另一方面,期待历史重演,会让人落入刻舟求剑的思想误区,容易掉入价值陷阱,甚至犯下严重错误。在处于上升期的行业里,选择公司进行投资,未来业绩增长确定性更高些,即使暂时套牢,时间这位朋友也会帮忙解套。如何挑选有前景的投资赛道?通常来讲,一个行业的发展周期所处阶段,基本上决定了这个行业在这个经济体中的发展前景。行业的生命周期,主要包括四个阶段:萌芽期、成长期、成熟期、衰退期。判断一个行业处于哪个阶段,可根据市场规模增长率、产品利润率、科技进程、竞争者数量、用户购买行为、行业平均市盈率等方面进行综合判断。处于萌芽期和成长期的行业,一般在政府新兴产业规划里都会提及；处于衰退期的行业，也不难辨别。进入成熟期的行业什么时候开始进入衰退期，一般从市场总需求萎缩开始，供给产能明显过剩是重要标志。处于萌芽期的朝阳行业，是从 0 到 1，机会大但失败率也高，投资常常遇到陷阱。处于成长期的朝阳行业，是从 1 到 10，机会大成功率高，是职业投资人的首选赛道。周期性成熟行业，例如航运、有色金属、养殖等，在行业困境反转时投资，也有短期取得几倍回报的机会，关键是要确定行业业绩真的进入反转，且持股期不能太长。非周期性成熟行业，特别是消费需求不会萎缩的行业，例如食品、饮料、日化、医药等，整个行业供给朝向头部公司集中，行业竞争格局比较清晰，增长稳定，行业龙头容易辨识，常存在 10 年 10 倍回报的投资机会，是非常不错的长期投资赛道。

要在未来 30 年内找到上涨百倍甚至千倍的投资机会，上市公司的营业业绩就要实现连续二三十年增长，且年化增长率要达到百分之二十几以上。要持续达到这样的经营业绩标准，除了公司创始人和管理团队足够优秀外，公司所处的赛道，大概率只能是未来需求不会减少的刚需行业，或者未来发展空间广阔的战略新兴行业。上市公司要么去满足那些原始的、传统的、发展缓慢但周期超长的人类刚性需求，要么去满足符合社会发展潮流大势的爆发式的新兴需求。关于成熟的刚需行业，人类最原始的刚需是吃喝。围绕吃喝的核心需求，是味道和健康功能。人类味蕾进化没那么快，味道好的东西，具有很强的稳定性，适合长期投资。健康功能，随着科技进展会有认识上的变化，但变化较为缓慢。进行此类投资，所坚守的公司要具有宽广的护城河，核心产品具有极高市场美誉度，且长期供不应求。关于未来战略新兴产业，政府或者智库机构常有相关论述，找到这种行业并不难，难的是如何判断行业未来发展空间大小和行业的爆发临界点。新兴行业发展空间与其应用面相关，能进入千家万户的新产品，产品受众基数大，行业空间自然就大。新兴行业迎来爆发式发展，一般以成本变得可接受为重要标志。创新的东西，在早期成本太高，往往需要政府补贴才能取得商业上的可行性，随着技术的不断成熟，生产成本降至可接受的程度，不需要政府补贴也具有经济可行性，或者产品性能取得重大突破，效用 10 倍好，往往就会迎来需求大爆发和行业大发展。此时，要及时抓住这样的大风口机会。市场一般会出现几个头部企业，都在迅猛发展，业务数据增长较快，股市给出平均市盈率也较高，在无法判断出谁最优秀时，对该行业的几个核心标的可以同时投资，当龙头公司与其他竞争者拉开差距后，投资仓位再向最优公司集中。

从长期主义的角度选赛道，尽管是投资的终极正途，但未必适合所有人。基金管理机构每年都有业绩压力，基金经理大多没有机会通过长期实践去验证自己的管理能力，导致主流机构按季度，甚至是按月度，来挑选自己的投资主赛道，大多机构的资产配置逻辑，往往转变为产业和赛道驱动，客观导致市场风格和主赛道的多变。什么样的赛道容易被大机构选中为下一阶段的主流赛道？核心考量是行业的未来业绩会有显著改善，且能够在未来获得更多人的认同。具体归纳为以下四种情形：第一，战略新兴行业业绩刚刚迎来大爆发，该题材概念首次进入大众视野；第二，能稳定增长的传统刚需行业，业绩稳定增长但市盈率处于历史低位；第三，周期性行业进入周期拐点，业绩开始从困境反转，并获得产品涨价等数据支持;第四,行业受到国家最新政策的大力支持,产生未来业绩会大涨的强烈预期。符合以上特征之一的,有可能成为下一阶段股市的主赛道,但要精准押对每年,甚至每季的主流赛道,是很不容易的。每当一种观点流行,主流人群开始相信该行业的投资逻辑时,该行业股价就容易涨过头,产生大的泡沫,在未来需要时间去消化过高的估值,下一阶段反而容易跑输大势,市场大概率会切换成另一种投资逻辑,形成新的主流赛道。尽管无法精准判断下一阶段的主赛道,但职业投资人仍可通过行为选择,提升自己持仓处于主流赛道的概率,降低追逐市场热点所伴随的风险。选赛道应坚持以下几个原则:第一,投资所选赛道起码要符合上述四种情形之一;第二,当前市场主流赛道的上涨幅度过大,股价增长倍数明显超过业绩增长倍数很多倍,就不应再马上参与该赛道;第三,投资战略新兴行业,要特别警惕从 0 到 1 的投资陷阱,泡沫过后的最佳幸存者,才是应长期坚守的投资标的;第四,投资稳定增长的传统刚需行业,需要持股的周期足够长,在供求关系没有发生大的变化,业绩稳定增长,但股价表现遇到挫折,市盈率较低时,要有足够的持股耐心;第五,投资困境反转的周期股,不宜持股时间太长,不能依据市盈率高低来判断估值合理性,市盈率越低有时反而越危险。

看懂国策

行业的前景和命运,与一个国家的政策导向最直接相关。按照国策指引的方向前行,投资获得较好回报的概率就高。基本国策,是国家领导者基于对本国国情的理性思考而制定的政策。当前社会发展存在怎样的问题需要改变,改变社会矛盾会有哪些具体措施,这些措施的实施会导致哪些行业渐渐衰退消亡、哪些行业未来加速兴起。这些重要问题,都可以从国策中找到具体答案。我国股市有一句谚语,"炒股要听党的话",反映的就是国策对于股市投资的重要性。看懂国策,可以从三个方面入手。第一,深入学习国家最高领导人的讲话精神和重要指示,理解其过往思想脉络,把握最新思想的重点。国家最高领导人对治国理政的基本观点,充满思想智慧且高度浓缩,往往高屋建瓴,职业投资人既要重点学习借鉴领袖的思想方法,也应积极关注其对重要问题的指示,以及对世情、国情的分析阐释。第二,深入学习国家国民经济和社会发展五年发展规划以及远景目标纲要。国家层面的规划纲要,是国家集体智慧的结晶和全国人民的行动指南,指引未来社会潮流的发展方向,最有可能形成群体共识,是长期价值投资者发现未来长期价值的索引,是选择有前景行业的重要依据。第三,及时研究解读国务院及其组成部门发布的政策文件。该系列政策文件,往往包含具体的行动指引,不仅关系到新兴战略产业的中长期发展路线,而且政策发布的时点直接影响股市的市场情绪和短期走势。国家政策,也是热点题材常见的催化剂。

一个国家的基本国策,会兼顾经济发展和社会公共利益之间的平衡。那些暂时有很好的经济利益的行业,如果并无社会价值,甚至有害于整体经济运行健康,那么该行业的经济利益将难以长期持续,在资本市场上的股价表现,会存在巨大的不确定性风险。

只有将自身经济价值与社会价值相统一的行业,才能成为股市的常青树。投资者在选择行业时,尽量选择能兼顾私利与公德的行业。例如,满足人们对美好生活向往的消费需求,缓解人类疾病痛苦、减缓人类衰老速度、延长人类生存寿命的生命科学,提供节省人类时间的各种便捷服务,提供成本适宜的可再生能源和新材料,提供节能减排生产工艺缓解气候变暖,拓展人类生存空间的深海、深地和空间技术,等等。以上这些能够兼顾私利与公德的行业,举例涉及面已经足够宽,是投资的阳光大道,路会越走越宽。有些行业,短期会非常赚钱,但自身并不创造社会价值,走着走着就会进入死胡同。更为可怕的是,当你观察到这样的行业时,往往就是它的高光时刻,经营数据特别诱人,市场给的估值也高,作为投资者一旦参与这样的行业,往往会产生投资上的巨亏,甚至血本无归。例如,曾经火热的互联网金融,号称要解决中小企业融资难的问题,但其本质是"饮鸩止渴",用"融资贵"解决"融资难"问题,在治病过程中创造新的疾病,披上的互联网技术外衣,只解决销售问题而不解决风险控制问题,脱离金融行业的原本社会价值,长期来看注定会失败。这样的例子还有很多,非法数字货币行业,一度披着区块链技术创新的外衣,炒作得热火朝天,完全忘记了货币原本的社会价值意义和货币的本质。且不论区块链技术主张的分布式记账在各行各业有无推广的必要性,就算有,各种币挖矿所消耗的能源,也完全就是在浪费社会资源,凭这一点,就可断定该行业并不会创造社会价值。即便是比特币,也仅是小众群体的交换需要,不具有公德性,难以成为全球共识,它的信用基础在社群内并不牢靠,也会受到国家主权的打压,其货币属性在未来极大可能消退,不管各类名人如何吹捧,职业投资人应当有清醒的认识,比特币短期投机也就罢了,长期投资就不能选择这样的行业,尽管它近年来涨势诱人。最大的投资风险,是价值归零的风险,一定要牢记。

对于行业和企业的发展,必须置于社会发展的宏观环境之中来思考。部分行业出现突发的系统性风险,看似是意外,实则是社会矛盾演化的必然结果。有些行业,一段时间获得国家政策支持,一段时间又得不到支持,政策出现转向,行业的投资逻辑往往就此彻底改变,带来股市估值的急剧变化和投资上的巨大风险。政策转向主要有以下几类情形:第一类,某一类行业以创新为名,政策上允许先行先试,但其行业发展方向逐步偏离社会价值需要,国家治理者发现了行业存在的问题,就会进行政策纠偏转向,政策转向对这类行业的打击往往是毁灭性的,该行业会逐步消亡,例如互联网金融行业;第二类,行业经过长期发展,已处于整体产能供给过剩状态,国家希望产能优胜劣汰,加速落后产能出清,这类政策转向对行业内优势企业形成暂时利好,可占领落后产能淘汰后的市场份额,但对劣势企业会形成毁灭式打击,例如水泥、钢铁行业;第三类,行业经过长期发展,自然形成了行业供给上的垄断,为防止垄断企业对民生领域形成挤压,国家希望这些行业回归社会公益行业属性,放弃垄断利润,追求合理回报,此类政策转向会降低该行业的平均市盈率,股市会阶段性出现杀估值的风险,但仍具备一定的投资价值,例如,互联网行业;第四类,行业从业者利用人性弱点和国家监管上的漏洞,肆意满足人们的不良成瘾性需求,或者故意造成供给上的结盟垄断,利用供给的优势地位对需求者索取无度,造成需求者极大反感,但又无力抗争,此类情况,会让一些原本很好的生意,变得难以为继,例如,电子烟、校外培训等行业。政策的转向或监管填补,一般都会出现一些政府层面事前警告迹象,有时也会由某一典型社会事件直接触发,投资者如果无视党和政府的警告,或者对社会事件的恶劣影响预计不足,甚至逆政策而行,在股市投资上一定会付出惨痛代价。

要规避政策转向的突发风险,除了审视所投行业的社会价值外,还有一条路径,就是所选行业要尽量符合国家的新兴产业规划纲要,至少符合传统产业的改革导向。国家产业规划纲要,在制订时极为严谨,表述字字珠玑,既考虑了世界的发展大势,也考虑了本国的当前实际情况,最值得投资人认真研读。以 2035 远景目标纲要为例,在经济发展上,国家要进入创新型国家前列。在经济发展路径上,坚持创新驱动,要在关键核心技术上取得重大突破,"瞄准人工智能、量子信息、集成电路、生命健康、脑科学、生物育种、空天科技、深地深海等前沿领域,实施一批具有前瞻性、战略性的国家重大科技项目。从国家急迫需要和长远需求出发,集中优势资源攻关新发突发传染病和生物安全风险防控、医药和医疗设备、关键元器件零部件和基础材料、油气勘探开发等领域关键核心技术"。构筑产业体系新支柱,"聚焦新一代信息技术、生物技术、新能源、新材料、高端装备、新能源汽车、绿色环保以及航空航天、海洋装备等战略新兴产业""推动生物技术与信息技术融合创新,加快发展生物医药、生物育种、生物材料、生物能源等产业,做大做强生物经济",前瞻谋划未来产业,"在类脑智能、量子信息、基因技术、未来网络、深海空天开发、氢能与储能等前沿科技"进行布局。

构建现代能源体系，"大力提升风电、光伏发电规模"，深入实施扩大内需战略，"把扩大消费同改善人民生活品质结合起来，促进消费向绿色、健康、安全发展"，"培育新型消费，发展信息消费、数字消费、绿色消费，鼓励定制、体验、智能、时尚消费等新模式新业态发展"，深化医药卫生体制改革，"推进国家组织药品和耗材集中带量采购使用改革"，"支持社会办医，鼓励有经验的执业医师开办诊所""大力发展中医药事业"，推动"中医药走向世界"。积极实施应对人口老龄化国家战略，以"一老一小"为重点完善人口服务体系。① 在未来一二十年，社会需要什么行业，国策重点支持什么行业，在规划纲要中一目了然。投资人想做好投资，一定要花时间精读。

每当国家产业政策文件发布之时，股市就会围绕该文件导向在相关行业出现股价的剧烈波动，有时是题材的迅猛炒作，有时是风险的急剧释放。就价格波动情况，市场上关于政策文件的解读观点非常之多，对后续行情推波助澜，强化了趋势的演变。政策文件涉及老行业改革，重点看改革方向和最终目标；涉及新行业规划，重点看新兴产业的发展阶段，是已进入商业化快速发展阶段，还是处于尝试摸索阶段，是作为未来的支柱产业，还是仅仅是谋划的未来产业。从政策文件的字里行间，会发现更为权威的观点，总比快餐式的各类应景解读可靠得多。如果连政策文件都懒得读，就进入股市投资，是对自己财富极其不负责任的表现。如何从政策文件中提取有用的重点信息？以 2021 年 7 月 23 日《关于加快

---

① 以上引用均来源于《中华人民共和国国民经济和社会发展第十四个五年规划和 2035 年远景目标纲要》。

推进新型储能发展的指导意见》为例,拆解下该政策的重点。从行业市场空间来看该文件,"计划到 2025 年,实现新型储能从商业化初期向规模化发展转变,装机规模达 3000 万千瓦以上(2020 年底数据为 328 万千瓦),到 2030 年,实现新型储能全面市场化发展,新型储能核心技术装备自主可控,技术创新和产业水平稳居全球前列"。以上政策文件要点反映了,新型储能行业已从商业化初期向规模化发展,进入了行业爆发临界点,在 2021 年至 2025 年,市场规模将扩大 10 倍,计算下来该行业的年化增长率高达 58%,预计 2030 年后进入成熟期,说明新型储能行业起码有十年的黄金成长期,且处于全球领先地位,还有机会向全球进行产业渗透。从行业发展的技术路线来看该文件,"坚持储能技术多元化,推动锂离子电池等相对成熟新型储能技术成本持续下降和商业化规模应用,实现压缩空气、液流电池等长时储能技术进入商业化发展初期,加快飞轮储能、钠离子电池等技术开展规模化试验示范,以需求为导向,探索开展氢储能以及其他创新储能技术的研究和示范应用"。上述政策文件要点反映出:锂离子电池已处于成熟期,未来成本还要再降;压缩空气和液流电池储能技术,处于商业化初期,未来几年将进入爆发临界点;飞轮储能、钠离子电池处于尝试阶段;对氢储能技术特别提及,在未来寄予厚望,最终以需求为导向,也进行其他技术路线探索。有关新兴行业政策文件的解读,重点是行业的空间规模、发展速度和技术路线等核心问题,以此判断是否值得花时间,对该细分行业进入深度研究和持续跟踪。

对发布的政策文件和政策导向解读,最好通过权威的官方机构。重要政策文件发布前,会有征求意见稿或讨论稿先出台。例如 2021 年 7 月 15 日发布的《关于加快推进新型储能发展的指导意见》,曾在 2021 年 4 月底发布过征求意见稿。如果能有敏锐的政策嗅觉,及时布局股市中的相关核心板块,至 7 月下旬政策正式发布前,很快就会等来一波翻倍行情。对股市有较大影响的政策文件,常见于发改委、工信部、科技部、能源局、卫健委、财政部、证监会、央行等官网,应时常留意。此外,官方媒体对社会价值导向的报道,也应引起重视,它们的发声,对市场情绪影响巨大,特别是多个官媒对同一社会现象密集发声,很可能代表某种政策导向即将转变,是政策的提前观察指标,会对股市相关行业后续发展产生影响巨大。对股市有较大影响的权威官媒包括《人民日报》《新华社》《经济日报》《中国改革报》《中国证券报》《证券日报》《上海证券报》《证券时报》《证券市场周刊》等,这些官媒的重要文章,经常隐藏着重要的政策机遇或者政策风险警示。也有时,不同官媒对同一问题的导向不同,很可能是市场对某种问题的解读出现了理解偏差,或者是该媒体记者的一家之言,并不代表国家治理者的态度,如果市场已经做出了错误解读,其他官媒会以修补的方式进行舆论导向引导,以传递准确的官方态度。总之,在信息泛滥的时代,要善于筛选有用信息,降低股市噪声污染,习惯于从一手资源获得信息。作为职业投资人,要养成精读政策原文的习惯,不能被二手资料影响,误导自己的判断。即便是从二手资源获得重要信息的线索,也尽量要找到信息源头,特别是对正式发布的政策文件,要反复精读,并抓住重点。

全球视野

按照全球编制行业指数,常用的 GICS 行业分类标准将行业分为 11 个大行业、24 个二级行业和 68 个三级细分子行业。其中,11 个大行业分别是:① 基础材料(金属、矿、化学制品、纸、林产品);② 消费者非必需品(也称可选消费,主要包括汽车、服装、休闲、媒体);③ 消费者必需品(日用品、食品和药品零售等);④ 能源行业(能源设施、冶炼、石油和天然气与消费用燃料);⑤ 金融行业(银行、券商、保险等);⑥ 医疗健康(医疗保健服务、制药、医疗器械、生物技术);⑦ 工业行业(制造、交通、建筑、航天航空、国防);⑧ 信息行业(硬件、软件和信息技术);⑨ 通信行业(电信服务、无线通信);⑩ 公用事业(电力设备、天然气设备、水务);⑪ 地产业(房地产开发、管理及相关信托)。在这 11 个大行业类别的特点各异,从长期投资的角度看,医疗、消费等行业,出现过大量的绩优股。彼特林奇提出的“Tenbaggers”,即股价十年上涨超过 10 倍的股票,分布在这些行业中的占比相对更高。回溯 2009—2019 年的美股数据,股价上涨 10 倍且市值大于 10 亿美元的公司中,医疗健康占比 28.4%,信息行业占比 18.52%,消费品和工业行业各占比 13.58%,通信行业占比 9.88%。从 A 股来看,十倍股所属行业,也可以得出近似统计结果,医疗健康行业占比也是最高,其次是信息产业。也就是说,无论国外还是国内,从长期投资的角度来看,医疗、科技、消费行业是十倍股最主要的来源地,是“Tenbaggers”的摇篮。

为什么医疗、科技、消费三大主力赛道更容易产生牛股？这还是与长期刚需、科技变革、消费升级等原因相关。一个行业在未来存在的价值，取决于能否长期满足人类日益增长的需求。人类需求的变化，特别是需求类别和结构变化，受到收入水平、人口总量和人口结构的影响，在不同国家的不同阶段，主流需求会有所不同。人类需求的层次，被描述为马斯洛金字塔，即在收入受限的情况下，需求从底层往顶层依次获得满足。人类需求的进阶，我将其简化依次概括为，生理需求、安全需求、情感需求、美感需求、梦想需求。当底层的生理需求都得不到满足时，高层次的其他需求就会被抑制；随着收入水平的提高和财富的增长，当底层的生存需求充分满足后，人类高层次的需求就会逐一迸发，对供给的要求就会更多，奢侈需求会增加。我们的生活方式，一直在被科技发展所改变，科技创新赋予新兴企业更强的生命力，那些掌握核心科技和创新资源的企业，更容易成为科技赛道领涨的标杆。此外，随着经济增长，中等收入阶层的人口数量必然会增加，消费者追求品质的意识会增强，在强势品牌力量作用下，头部企业竞争优势扩大，会导致行业逐步走向集中，产生耳熟能详的消费行业大牛股。除了基于历史经验的三大黄金赛道，面向未来 30 年，人类社会的生产和生活方式，越来越受到资源和环境的约束，在更好地满足人类社会不断增长的需求的同时，减少碳排放和能源消耗，提高资源的单位产出，已成为人类与自然和谐共处所必须追求的公共目标。与可再生能源、节能和减排等方面相关的核心科技的价值正在提升。

医疗行业和消费行业，都与人口和收入水平有关。人类社会总需求的合理展望,应是重点围绕人口情况而进行的。世界和我国的人口基本情况,是股市行业研究最基本的信息,是推测社会发展大趋势的基础。从人口的增长情况来看,自 20 世纪六七十年代全球人口增速达到顶峰后,全球生育率已经持续下滑,未来人口增长最快的地方大都是贫穷国家,主要集中在印度、尼日利亚、巴基斯坦、刚果、埃塞俄比亚、坦桑尼亚、印度尼西亚、埃及等。从人口的迁徙情况来看,呈现明显城市化趋势,城市人口占比大幅增加,一些农村地区人口将减少,从人口的预期寿命来看,因生活条件改善,人类在过往平均每十年增寿 2.5 年,未来当基因生物技术获得突破后,增寿的速度可能会明显提升。

人口增长放慢,而人类预期寿命增长,人口结构老化问题随之而来,人口老龄化已成为社会发展的重要趋势。依据我国第七次全国人口普查情况,我国老年人口规模庞大,其中 65 岁及以上的老年人口 1.9 亿,占比 13.5%;60 岁及以上的老年人口 2.6 亿,占比 18.7%。到 2030 年,经推测,我国 65 岁以上老年人口约 3.6 亿人,约占我国总人口 26%,我国将进入老龄化较严重国家的行列,而日本和欧洲,可能面临更为严重的老龄化问题。人口老龄化问题会改变社会的需求结构,退休人口比例增加,护理服务、医疗服务、医药保健品等行业的需求将更旺盛。因老龄化趋势,比较确定的是,医疗健康生意,存在确定性的持久需求,可能成为利润丰厚的全球超级大市场。从全球范围来看,富裕地区的老龄化现象在全球范围内来势汹汹,医疗保健非常确定将成为长期刚需,特别对于老年人而言,老花眼、牙齿、骨科、心脑血管等退化性病变的发病率将迅速提高,医疗保健需求几乎是无法避免的,客户黏性极强,医疗刚性需求非常确定并将长期存在。此外,全球抚养比将激增,有效劳动力萎缩,会导致劳动力越来越贵,替代人的生意会有巨大需求,从长期来看,智能机器人的需求会大增。

行业特点

依据行业特点不同,行业可分为周期型行业、增长型行业和衰退型行业。周期型行业,行业发展经常是扩张与收缩之间的不断循环往复,行业盈利随着各界政府政策变化而相应变动,交替性地大盈大亏,行业股价大起大落,波动剧烈。时机选择,是投资周期型行业的关键,如果能及时发现周期型行业出现衰退或繁荣的早期迹象,在投资周期型行业时,就具有特殊优势。而在增长型行业中,行业一直不断扩张,依据行业增长速度与整个国家经济增长速度相比较,增长型行业又可细分为缓慢增长型行业、稳健增长型行业、高速增长行业。缓慢增长型行业,发展速度与国家的 GDP 增长率相当,其中优秀的公司可能增长速度略高于 GDP 增长率,通常被称为夕阳行业,比较常见的缓慢增长型行业是公用事业行业,例如电力供应子行业。缓慢增长型行业,大多由高速增长型行业演变而成,也曾经历过快速增长的时期,行业经过充分发展,才逐步变为缓慢增长型行业。缓慢增长型行业,发展成熟,扩张意愿下降,通常会慷慨地支付股息,但即便如此,把投资的时间浪费在缓慢增长的行业和公司,并无太大意义。稳健增长型行业,大多是需求持续,与人口相关的刚需行业,例如消费品行业、医疗健康行业等,其发展速度一般会高于 GDP 增长速度和缓慢增长型行业。稳健增长型行业的股价,常常波浪式上升,特别是在经济低迷时期,投资者知道这类行业不会破产,比较喜欢配置这类行业的股票。因为业绩增长稳定,一般也不会明显超出预期,这类行业的股票每当上涨一个大的波段时,如中短期股价涨幅明显超过业绩增长速度,可以考虑适当高抛,再选择换入那些还没有上涨的稳定增长型股票。高速增长型行业,发展速度远高于 GDP 增长率,往往是 GDP 增长率的几倍。这类行业常被称为朝阳行业,行业兴起没多久,需求迅速释放,行业平均增长率通常在 20% 以上,创造出连续几年的爆炸性高增长,从中能产生上涨 10—40 倍甚至 200 倍的大牛股。只要能维持较快的增长速度,高速增长型行业更容易产生股市中的大赢家。投资高速增长型行业的重点是要搞明白高速增长期什么时候会结束,以及该行业当前平均市盈率处于什么阶段,安全的买入价格应该是多少。一旦高速增长型行业的增长速度放缓,优势公司的估值也有下行的风险,相对弱势的公司甚至有倒闭的风险。衰退型行业,是指那些负增长的行业,新技术正在完全替代老的技术,行业需求萎缩,正在走向消亡的道路上,投资时应当严格回避。行业配置,要尽量回避衰退型行业和缓慢增长行业,将主要精力聚焦于研究高速增长型行业,以及寻找稳健增长型行业的优秀公司,避免选股时大海捞针。

各个行业,股价表现与行业平均市盈率之间,会呈现不同特征。其中,周期型行业,在繁荣早期,行业市盈率尚处于高位,很容易被当作垃圾股为市场所埋没,但此时股价尚处于低位,往往最具备投资价值,随着周期股业绩不断好转,股价不断上升,市盈率也越来越低,但股票的投资风险反而越来越高。如果只是简单依据市盈率的高低来判断投资周期型行业的股票,投资理解上非常容易落入价值陷阱。投资周期型行业,要敢于在市盈率尚高时积极布局,不能简单依据市盈率高低来判断股票价值,误以为自己买入低市盈率的股票就是在做价值投资,反而要特别警惕,在市盈率很低时,该周期型行业很可能已经或者即将由盛转衰,股价面临较大的下行压力。衰退型行业和缓慢增长型行业,市盈率较低,也不能成为价值投资的买入理由,没必要在这些行业浪费过多时间。稳健增长型和高速增长型行业,才是价值投资的研究重点,坚持低市盈率买入,高市盈率卖出。市盈率多少算高,多少算低,谁也无法事前精确描述,但我们在投资实战中,仍需要对该行业平均市盈率分布区间,有一个模糊性的经验认识,用以感知当下价格是贵还是便宜,该行业在市场的表现是过热还是被低估,应当增加该行业配置还是减少配置?如果以 GDP 为参照,行业增长率在 GDP 增长率的 1 至 3 倍之间,视为稳健增长型行业,高于 GDP 增长率 3 倍的行业,可视为高速增长型行业。假设 GDP 的增长率是 6.3%,则稳健增长型行业的平均市盈率区间,在 16—48 倍之间;高速增长型行业平均市盈率区间,在 48—144 倍之间。这样的划分和预估,虽不是科学性描述,仍需要根据宏观环境变化,特别是信用利率水平和 GDP 情况,不断修正、总结、完善,但具备行业市盈率分布区间的意识,有助于在投资实战中辨识风险与机遇。在逼近市盈率区间上限时,提升规避风险的意识,在逼近市盈率区间下限时,敢于积极把握投资的机会。对稳健增长型行业和高速增长型行业的市盈率高低标准,不能数值绝对化,应分类区别对待。例如,同样是 48 倍市盈率,对处于高速增长型行业的优秀公司,可以算作比较低的估值,未来股价可以看涨;对处于稳健增长型行业的公司,又算作比较高的估值,未来股价可能有下行压力。总体来说,周期型行业,在市盈率尚高时买入,在市盈率很低时卖出;增长型行业,在市盈率低时买入,在市盈率高时卖出;衰退型行业,永久卖出。

　　一个行业的增长率不可能永远保持固定不变。就高速增长型行业而言,其发展过程就像人的生命周期一样,年轻时激情无限,成熟时行为稳重,年长逐渐衰老,丧失生命活力。随着行业发展时间的延长,竞争的加大,其行业内生的增长动力会消耗殆尽,从高速增长,步入稳健增长,再到缓慢增长。那些风行一时的高速增长型行业,迟早会变成缓慢增长型行业。在中国 A 股历史上,曾经的地产业、银行业、水泥建材行业等,都曾经历过高速增长期,现如今这些行业都已发展成为缓慢增长型行业,就连过往无比风光的互联网行业,在今后都有发展成为公用事业行业的倾向,变为稳健增长型行业甚至缓慢增长型行业。美国的股市历史也一样,金属行业、铁路行业、汽车行业、钢铁行业、化工行业、电器行业,都曾经历过高速增长期,即使连曾经快速发展的计算机行业,现如今发展速度都慢下来了,将来都可能变成缓慢增长型行业。高速增长型行业,不可能永远保持两位数的增长率,能维持连续 20 年高速增长的行业,已经相当稀缺。如果某个观点认为,某行业会持续地保持高速增长,相信终究会被现实无情地嘲弄。高速增长型行业,另一种发展命运,是经过一段时间的发展,直接演变成周期型行业。例如,基础材料行业中的金属、矿、化工品等子行业。这些高速增长型行业演变成周期型行业,往往行业的需求端是稳定的,供给侧受改革影响,时大时小,导致供求关系的周期性变化,时赚时亏。周期型行业的年度增长率,绝对数字并无太大意义,重点是行业增速什么时候已经开始下降了,经相对比较,发现行业增长失速点,才具有股票买卖的指导意义。该失速点,很可能就会成为行业平均市盈率的拐点,甚至是该行业大部分企业股价的拐点。尽管后续季度的企业经营业绩仍在增长,市盈率也在不断下降,但并不能成为股价具有吸引力的理由。

任何行业的高速增长并不能持续稳定,那在二三十年内能够保持基业长青的企业,所处行业又有着怎样的行业特点?基业长青的企业,主要分布在稳健增长型行业和高速成长型行业。如果长青企业处于稳健增长型行业,该行业往往是与人类生理需求相关的刚性需求行业,例如消费和医疗健康。这类子行业的特点是,行业需求稳定而巨大,行业供给的分散度较高,行业内的优势企业通过建立的品牌口碑,不断扩大市场占有率,尽管行业的增长速度已经放缓,但供给上的市场集中度不断提升,该企业的市场占有率不断扩大,使得企业收入和利润能够在二三十年内维持持续增长。如果该行业的优势企业,拥有强大的品牌优势,能够掌握产品定价权,即便在需求量饱和的情况下,还能够通过产品提价,来实现收入和利润的增长,该企业的成长期还可以进一步延长,成为股市中的常青树。此外,稳健增长行业中,有人人皆知的奢侈品,奢侈品的文化属性或者货币属性越强越好,往往奢侈品所属企业,会成为发现股市不死鸟的线索。如果长青企业处于高速增长型行业,该行业往往与科技创新所形成的新需求有关。例如新能源、新材料、智能科技、生物科技等子行业。高速增长型行业要养出基业长青的企业，那么该行业应该是一个新兴的朝阳行业，处于商业化发展的早期，该新兴行业在未来会改变或替代老的需求，甚至催生新的需求，应用场景广泛，影响人群数量巨大，行业渗透期越久越好。新兴行业的早期发展，很容易实现高速增长，但随着行业新进入者越来越多，竞争白热化，行业发展速度会逐步降下来，新兴行业的大部分参与者，最终会在市场竞争中淘汰出局，行业在整体上，会呈现爆发性强但持续性短的特征。只有真正掌握核心底层技术的企业，或者企业管理团队学习进化能力超强的企业，才能笑到最后。要在新兴行业中寻找基业长青企业，一定要遵从严苛的筛选标准，要么行业第一，要么行业唯一，只有这样，高速增长的企业，才能具备好的行业环境，维持较长生命周期。

行研重点

行业赛道研究对于职业投资人来说，是最重要的，也是最难的。个体认知不是万能的，要降低投资的风险，就应在自己能力圈范围内实施投资行为。做行业研究，需要具备该行业相关知识背景，很多新兴行业，非该行业内的专业人士是很难研究透彻的。要深入搞懂一个行业，甚至比上市公司的经营者理解还深刻，那更不是一朝一夕能够做到的。如果全行业都要进行深度研究，对于个人精力而言，基本上是不可能完成的任务。巴菲特在实践价值投资时，提出了能力圈的概念，在自己能力圈范围内进行投资，搞不懂的行业就不参与，严格将自己的投资行为限定在自我可认知的范围内，以规避投资风险。巴菲特喜欢长期投资消费股，与消费股较容易理解有关。消费行业的未来现金流相对比较容易推算，与消费群体的人口数量和消费频次相关，业绩具有稳定增长的特征。很多长期价值投资者，选股上对消费行业的龙头股有特别偏好，就是坚守在自己的能力圈范围内投资的具体体现。科技行业，尽管核心科技企业的业绩最具爆发力，但大部分投资者对科技行业并不能深入理解，特别是对未来技术路线和科技应用场景的选择，即便是业内企业家都未必能准确预测，何况是普通投资者。对于科技行业的投资，要特别警惕技术路线被淘汰的风险，技术迭代快，使得科技行业明星企业容易突然倒塌。科技行业细分领域也相当广泛，要弄清楚相当困难。如果要在科技行业投资，就要结合基本国策、产业规划、院士专家观点，最好聚焦到具有全球领先优势的科技行业进行深度研究。医疗健康行业的投资理解难度，介于科技行业和消费行业之间，因该行业是股市最主流的黄金赛道，职业投资人应当持之以恒地积累自己在医疗健康行业的基本知识，了解医疗技术的发展进程和消费变化。医疗健康行业有很多的细分赛道，每个细分赛道基本上都能找出长期大牛股，有些细分赛道是传统行业，有些是新兴行业，在这些细分赛道不断提升认知，扩大自己的能力圈范围，往往会取得事半功倍的效果。行业研究虽难，但仍有一些共性的知识，需要我们学习，以帮助我们对各类专业研究报告作出自己正确的选择。在行业研究上，必须借力。当我们看好哪一行业大类，对该行业的券商研究报告就要坚持多读，多比较分析，我们就可以获得一种能力，在借助专业力量的基础上进行选择的能力。此外,医疗和科技行业,政策和技术变化快,是专业性极强的行业,要深度理解,需要投资者具备极高的专业理解能力,而消费行业对于普通投资者而言,相对更容易判断些。

行业市场规模研究,是长期投资者坚守牛股的信心基础。即便在医疗、科技和消费的黄金赛道,十倍股也只占很少的一部分。在黄金赛道寻找十倍股,仅仅是概率相对较高的事件,并非确定性事件。而十年对于投资者而言是很长的,投资结果需要时间来证明,过程中的试错风险随时存在,持有十倍股需要极强的定力。只有大水才能养大鱼。很容易看到行业天花板的行业,即便贵为该行业的绝对龙头企业,其成长性也相对有限,难以稳定长期持股的信心。很多行业的未来市场规模,与人口基数相关。总体上来说,需求的时间越持久,需求的人群越广,购买力越强,购买频次越高,行业发展空间自然就越大。如果既能满足国内需求,还能满足国际需求,该行业能成为全球性生意,行业能够服务的人群就多,市场规模自然就更大。就医疗健康行业的不同细分子赛道而言,哪些医疗需求的人口基数大,需求的确定性更强,消费客单价和消费频次高,就是更佳的细分赛道。由此优中选优,有关老化病、慢性病的相关医疗,且具有全球化供给能力的细分赛道,显然更值得期待。就消费赛道而言,深受更多人口喜爱的强势品牌将获得更多需求,越是需求不易被改变的传统基础消费行业,越具有稳定性,消费者人口基数越大,未来市场的发展空间也越大。对于一些处于成熟期的消费行业,当消费数量稳定后,如果该行业能掌握供给定价权,可以通过不断提价来扩大市场规模、扩大该行业的市场空间,例如部分公用事业行业。与科技创新相关的行业,该科技创新应用场景越多，核心科技越具有基础性、突破性和紧迫性，对社会影响越深远，当前越具有性能和成本优势，市场空间就越广阔。行业市场规模研究，可借助上市公司财务报告、各类智库的相关行业报告，作为寻找朝阳行业的线索。投资人要深度了解行业规模，离不开对行业需求的研究。

　　行业的需求结构研究，是发现行业竞争壁垒的关键。大部分行业的市场需求结构，都是标准的金字塔模型结构。即底部是最低端的产品，但消费人群最广，虽然单价低，但总体市场占比较高；其顶部是最高端的产品，产品单价高，但是消费人群较少，总体市场空间占比也不高；中端产品，介于两者之间，腰部市场空间也介于顶部和顶部市场空间之间。呈现这种正立金字塔模型需求结构的行业，往往有利于后发者。后发者在开始限于技术实力、资金实力，从低端市场的底部开始，先把金字塔的底部市场吃下来，依靠性价比胜出，再逐步进行技术升级，塑造新品牌，逐步向金字塔的腰部市场和顶部市场进攻。一旦低端市场的后发者在产品的性价比上形成较大优势，就很容易实施低端颠覆战略，逐步蚕食先行者所占领的中高端市场。但如果市场需求是倒立的金字塔模型结构，与前述正立金字塔模型结构刚好相反，底部市场空间最小，后发者从底部市场做起，极难积累起足够的技术、资金、品牌资源，去占领中高端市场。具有倒立金字塔市场需求结构的行业，天生就具有阻挡后发者进入市场竞争的壁垒，后发者即便苦苦追赶，也很难撼动原有的竞争格局，无法积累足够资源对顶部市场形成冲击，逆袭的难度很大。在科技行业中，芯片行业，特别是光刻机细分子行业，就是典型倒立金字塔市场需求结构，技术越先进，市场需求空间越大。在医疗健康领域,特效创新药行业,也是典型倒立金字塔市场需求结构,药效越好,价格越贵,需求越大。还有一种市场需求结构,是橄榄形结构,即中间的腰部市场空间最大,高端市场和低端市场需求相对小些。在橄榄型市场需求结构的领域,具有性价比优势的后发者,也有一定的生存空间,能形成对低端市场的竞争壁垒,阻止更后发者继续进入,也有机会发起对高端市场的进攻。智能手机行业就是典型的橄榄形市场需求结构。研究一个行业的市场需求结构,是正立金字塔形、橄榄形结构,还是倒立金字塔形,有助于理解行业的竞争壁垒,预测先发优势的可持续性,以及具有性价比优势的后发者去颠覆高端市场的可能性。

行业的估值研究,是最困扰职业投资人的重要问题。股价＝每股利润(EPS)×市盈率(PE),即股价由业绩和市盈率共同决定,其中业绩由该企业决定,市盈率由市场决定。要评价当下股价的高低,既要准确预测企业经营业绩,还要评估其合理市盈率水平。市盈率受行业所处周期阶段或者市场临时偏好影响。至于什么样的市盈率才是合理的估值水平,并没有标准答案,依据企业所处行业并由市场参与者集体决定,或者简单说,是由市场决定的。对于行业合理估值的研究角度,主要从两个角度提供衡量标尺。第一,从历史角度,该行业在 A 股的平均市盈率周期性演变特征,以历史最高值、历史最低值和平均值作为判断参考依据;第二,从全球角度,该行业平均市盈率的演变特征,与我国 A 股做比较,作为判断依据。这两种方法的最大缺陷是容易刻舟求剑,第一种方法容易忽视债券利率水平对股市系统性估值水平的影响,以及因行业发展已进入不同阶段,导致行业估值水平的偏好差异;第二种方法,容易忽视该行业在不同国家所处的不同发展阶段和基本国情差异。对于成熟行业,市盈率代表对企业当前盈利水平的可持续时间的认识,即当前盈利水平在企业后续经营时还可以维持多少年;对于快速成长的朝阳行业,连续几年的高速成长期会使得未来的市盈率快速下降到行业成熟时的合理水平,依据成长期业绩倍数的确定性,可适当提高当前市盈率的接受度。简而言之,行业处于不同发展阶段,市场给出的行业估值会有很大不同,但在整体上,行业发展处于越早期,市盈率可以越高。类似银行的按揭贷款,借款人越年轻,贷款按揭的期限就可以越长。处于成熟期的夕阳行业,市盈率应当参照且低于企业债券利率市场平均所反算出的投资回收期。对处于成长期的朝阳行业,市盈率可以相对高些,根据不同行业的成长前景,高市盈率可接受度不同。处于朝阳行业的龙头公司,往往估值都不便宜,市盈率高得难以下手买入。对此类现象,要正确地区分是否高估,不能仅仅以成熟行业的市盈率为参照,而应在客观分析成长的确定性,对未来市盈率作出修正调整后,再对当下市盈率的高低作出合理评判。此外,可以多读券商研报,多比较其分析逻辑,了解市场对行业估值最乐观和最悲观的两极,处于什么区间。

行业的风口研究,是价值投机者,甚至是大多数有短期业绩压力的基金经理研究的重点。在股市,每一年都会出现一个主流赛道,其走势领先大盘走势很多,重仓积极布局该行业者,往往成为当年的大赢家。媒体上,解释该行业投资逻辑的说法或相关投资理念,就会成为当年的流行时尚,并快速形成市场共识,在股价上涨的趋势强化中,股民、基金经理、行业分析师会形成集体膨胀,随着该行业的不断升温,形成了该行业的局部牛市,最终让该行业走向过度泡沫。一个行业,成为当年的主流风口,大部分还是与行业的业绩大增或者政策驱动有关,要么产品涨价,要么订单大增,要么困境反转,要么重大政策扶持导致未来业绩预期大增,等等。越早发现一个行业当年业绩会大增的主要原因,就越有可能等到该年的行业风口。需要注意的是,市场风口常常交替出现,花无百日红。股市经常出现一种现象,当年或近两年表现最好的基金经理,往往次年表现会很差,股神变瘟神,媒体上出现各种道歉。职业投资人为避免落入追逐行业风口的陷阱,对待市场高关注度、高购买度的行业,应当回避。在上涨过程积累的风险未释放完毕情况下,行业估值容易下行。而应当首选高关注度但低购买度的行业重点研究,才有可能买在估值上升的初期,成为未来的风口。也就是说,宏观行业投资,不要追风口,而应等风来。如果持股刚好处于行业风口之中,也应对该行业整个产业链上的价值分布做深入研究,分析利润最丰厚、卡位最关键的链条在哪个环节,尽量找到风暴中的那个关键隘口,进行仓位调整和重点布局,兼顾相对收益大和风险小之间的平衡。能成为未来大风口的行业,要么是具有持续需求的传统行业,要么是具有颠覆性创新的新兴科技行业,在平日,对重点行业需要具备一定的基础知识框架,以便快速读懂行业研报和鉴别判断。

新兴行业

时势造英雄,投资也具有时代性,伟大的投资家大多是在投资当下时代最好的生意上获得成功的。投资新兴行业中的优势企业,是获得超额回报的重要途径。世界发展的车轮滚滚向前,单向演进,旧的生意或产品,因供给竞争的不断加剧,行业生存环境必然会逐步恶化,行业生存度降低,就会催生科技创新,不断增益代偿,替代旧的生意或产品。18 世纪的纺织业,19 世纪的铁路行业,20 世纪的燃油汽车,都曾是好生意,现如今都演变成低市盈率的行业。21 世纪初,信息科技的迅猛发展,使得人际信息交流更快,信息科技革命,让一批伟大的企业走上了浪潮之巅,诞生了 IBM、英特尔、微软、思科、苹果、谷歌、亚马逊、台积电、腾讯、阿里、字节跳动等一批科技巨头,极大方便并改变了人类生活。这些伟大企业的参与者,无论是员工,还是股东,都是时代的幸运儿,尽管企业不一定能长盛不衰,但对于个人而言,一生遇上并参与一家伟大的企业就足够了,跟上一波社会大浪潮,将极大改观自己的生存状态。但时代的车轮仍在滚滚向前,在一些新兴行业领域,仍将诞生新的伟大企业,职业投资人一定不要错失类似的机会。按照我国《国民经济和社会发展第十四个五年规划和 2035 年远景目标纲要》,对构筑未来产业体系新支柱描述为:"聚焦新一代信息技术、生物技术、新能源、新材料、高端装备、新能源汽车、绿色环保以及航空航天、海洋装备等",纲要已提出了国家未来十几年的发展指引。下文从个体认知角度,结合社会需求和科技进程,对新一代的信息科技、替代劳力的智能科技、突破自然极限的材料科技、延长人类寿命的生物科技、绿色环保的能源科技领域,稍做一些抛砖引玉的梳理,供读者参考,但请务必在日后的自身投资过程中,根据经济的实际发展进行观点修正。不要忘记,世界怎样变化,我们就该怎样投资。

信息科技是 21 世纪前 20 年取得突破最大的新兴行业。被称为存在"摩尔定律"的效能倍增现象,在信息科技领域已持续多年,"摩尔定律"所归纳的 18 个月翻番的信息技术发展速度,令人叹为观止,由此在信息科技行业也产生了多家伟大企业。硬件终端方面,已经经历从台式计算机、笔记本电脑到智能手机的快速演变,未来的智能终端,可能新增智能汽车、智能家居、VR/AR、智能穿戴设备、智能机器人等等;在软件网络方面,从 PC 互联到移动互联,当前仍在继续向产业互联渗透。信息科技行业要长期维系"摩尔定律"所归纳的发展速度,需要在材料科技和运算方法上获得重大变革。我国在集成电路领域的发展,未来科技攻关的重点,主要在设计工具、重点装备、关键材料、特色工艺等方面的突破,以及碳化硅、氮化镓等宽禁带半导体的发展。在新一代信息技术方面,我国重点发展类脑计算与神经芯片,前瞻谋划的"未来产业"包括量子信息和未来网络,其中,量子信息,主要包含量子通信、量子计算原型机和模拟机、量子精密测量技术等,研究走在世界的前列;未来网络,主要培育车联网、医疗互联网、家居互联网、工业互联网等产业。新一代信息技术,在未来较长时间将处于朝阳期,会有比较长的应用渗透期。

信息科技的发展,为未来智能科技时代奠定了很好的基础。新技术大多来源于此前已有技术的重新组合。智能科技所涉及的数据、算法和算力三要素,在上 20 年的信息科技时代,实现了快速发展,具备了协同效应。在与下一个智能科技革命的交叉期,新一代的信息技术和新一代的人工智能技术交织在一起,会带来重大的变革影响。首先,人机交互方式会改变,未来 20 年对手机的依赖度会逐步降低,更多样的智能终端会远超手机数量;其次,信息技术基础设施会有巨大颠覆,传统的 CPU(中央处理器)、数据存储和操作系统,将被 AI 芯片、智能云服务、通用 AI 算法平台所替代;最后,人工智能和实体经济深度融合,会催生出许多新的智能经济形态,在智能制造、智慧政务、智慧教育、智慧医疗、智能驾驶、智能家居、智能机器人、智能设备等领域,打开创新空间,深刻改变人类生活。人工智能正在驱动数字经济向智能经济演进,替代人类劳力的智能科技,在全球富裕地区人口老龄化的大趋势之下,在全球经济发达地区必将迎来快速发展。智能经济发展,可能是为期五六十年的康波周期①。在智能科技时代,其发展大致会经历三个阶段。第一阶段是弱人工智能,先让机器模仿人类理解人,其中的关键共性技术,离不开逐步让机器获得人类的感知能力以及思维能力。第二阶段是强人工智能,让机器通过学习训练成为人类的伙伴,人机交互畅通,智能机器作为新物种,帮助人,虚拟人,与人类共生;第三个阶段是超人工智能,人机共同进化,人的智能＋人工智能,逐步催生一个新的超级智能世界。现在智能科技虽还暂处于早期阶段,但在以下场景已体现出智能科技的显著价值,已率先享受智能经济的福利:① 存在重复性脑力劳动;② 需要不间断 7×24 小时持续工作;③ 需要利用机器传感计算或需要拥有数据分析优势。我国拥有应用场景优势、数据规模优势和政

---

① 康波周期,全称是"康德拉季耶夫周期理论",由苏联经济学家尼古拉·康德拉季耶夫于 1920 年代提出的,用于描述资本主义经济体系中的长期经济增长和衰退的模式。

策环境优势,有机会成为全球人工智能创新中心。早在 2017 年我国就公布了国家新一代人工智能开放创新平台名单,有百度、阿里云、腾讯、科大讯飞 4 家,2018 年增补了商汤科技,2019 年科技部又公布了第二批 10 家名单,华为、小米、海康威视等入选。2021年,字节跳动的抖音推荐算法,被誉为全球十大突破性技术。智能科技很可能会推动中国经济,迎来下一个长景气周期。

21 世纪初,信息智能技术与生物技术的融合发展,让生物科技取得两大革命性突破。其一,是完成人类基因组测序,并且使得基因测序耗时和成本快速下降;其二,人工智能技术准确预测蛋白质的三维结构,人类蛋白质组的结构数据,会帮助人类更快地理解生命分子过程,理解疾病机理。通过基因研究,可以精确了解 DNA 各部分如何与 RNA 及蛋白质产生作用并如何影响生物的功能,通过人类蛋白质组结构研究,可以了解蛋白质折叠方式对功能的关键影响。基因组和蛋白质组方面的科技突破,第一会影响到生物医药子行业,帮助研发更精准治病的生物药,取代副作用严重的化学疗法,拓展生物创新药研发思路。例如,通过基因分析和诊断,识别造成缺陷的基因,制定阻止它们危害健康的路径方法;某些病毒易致癌,可研发针对这种病毒的疫苗,来预防癌症;发现造成流行病的细菌或者病毒,提取其 DNA 或 RNA,借由人工智能软件研拟出对应抗体,利用基因改造技术大量生产人造抗体,可用来对抗流行病。以基因工程药物为核心的生物制剂,已广泛应用到癌症、糖尿病、慢性疾病、遗传性疾病的治疗之中,生物医药行业市场前景广阔。第二,是生物育种。将分子生物学应用到育种中,在分子水平上进行育种,包括转基因育种和分子标记辅助育种。

转基因育种,是通过基因导入,培育出符合一定要求的新品种的育种方法。除了改造种植物基因外,基因技术也可改变筛选优良种子的方法,在不损害种子生长能力的情况下,将一颗种子切取成小片,分析小片的基因组来预测种子会长成什么样的植物,可以大幅加快挑选种子及培育的速度,若持续保持较快成长率,几十年后农作物产量将翻倍,当农作物产量增长超过人口增长,可轻易满足全球人口粮食,还可增加生物质燃料的产量。第三,是生物材料,通过基因编辑等前沿技术,按特定方法在 DNA 链中将分子与原子结合起来,改造菌种基因,加快代谢,令这些细菌在新合成途径下能加快制造出高端的新型生物基材料。第四,是生物能源,细菌或藻类经基因编辑、基因组调整,植入生长较快的细菌之基因,细菌或藻类进行光合作用,从空气中吸收二氧化碳,将其生产制造为生物质液体燃料,供大型交通工具使用,为实现"碳中和"提供助力。

人类社会进程中旧石器、新石器、青铜器时代的划分,是以人类学会使用天然材料、学会加工材料、学会材料合成方法为重要标志,可见材料科技对社会发展的重要性。一代新科技,需要一代新材料。无论是信息科技,还是智能科技,甚至生物科技部分细分领域,受限于现有材料的性能极限,未来进一步发展越来越依赖于新兴材料科技的进步。以信息科技中的半导体器件为例,随着硅片上线路密度的增加,当线条的宽度达到纳米数量级时,材料的物理和化学性能将发生变化,会导致半导体器件不能正常工作。当前,随着现代工程技术的发展,高端芯片产业链的高性能关键材料,具备先进制备工艺的纳米材料技术,以及高性能复合材料,往往成为科技领域"卡脖子"的关键点,相关投资机会值得重点关注。动力储能电池相关材料,因电动车需求的迅速放量,改变了电池材料供需关系,推高动力电池成本,不可再生的电池材料涨价,会制约电动车的发展,催生更便宜电池材料的需求和相应市场机会。此外,合成生物材料,作为替代化学合成方法制造高性能高分子材料的新途径,在部分领域具有性能或成本优势,也具有广阔前景。围绕已广泛应用于各行各业的新型先进高分子材料,如市场需求旺盛,行业空间广阔,也值得职业投资者在各细分行业进行深度挖掘。在未来十年内,最值得期待的材料领域新突破,是 2010 年《科学》杂志评选出的 21 世纪首个十年的十大成就之一,"超材料"。所谓超材料,即通过人工设计基本功能单元来重构材料,实现材料的超常性质,是一种赋予复合材料特殊性能的技术。不同于复合材料仅将已存在的材料通过混合、协同获得新性能,超材料提供了一个全新的材料获取方法,针对功能需求逆向设计出材料所具备的性质,进而打破制约自然材料功能的极限,发展出自然材料所无法获得的新型功能材料。进入超材料时代,人类能自己创造材料,相当于成为材料的"造物主",会创造一个全新的材料时代。在超材料产业化方面,我国的深圳光启研究院走在世界前列,在雷达隐身、特殊天线和天线罩等电磁超材料方面的应用,已迈出可喜一步,即将进入应用增长爆发期。

21 世纪中叶要实现"碳中和"的减排目标,非化石能源与化石能源在能源结构中的占比,将发生颠覆性变化。以太阳能和风能为代表的可再生清洁能源,已经获得大力发展,特别是光伏技术,利用半导体完成光转化为电,已经让太阳能发电成本足够低,助其成为可再生清洁能源的主流技术。我国在光伏产业链上处于全球领先地位,各细分领域优势企业处于成长爆发期。太阳能最大弊端是间隙式能源,发电不连续。为避免停电事故,当前电网只能容纳少部分的非连续电源。在大规模储能未解决的情况下,光伏电站发电如不能并入电网,只能废弃或者转为其他用途。在大规模储能方面,化学储能始终受到单位体积能量密度的制约。电池发明已超百年,能量密度也才从铅酸动力电池的 90 千瓦时/立方米,提高到特斯拉动力锂电池的 260 千瓦时/立方米,单位体积能量密度远低于汽油的 8600 千瓦时/立方米。动力锂电池的技术进步,带动了电动车的蓬勃发展,但大型运载设备轮船和飞机的动力,目前还只能用液体燃油。受限于电池能量密度和贵金属资源不可再生,大规模化学储能突破还需要较长时间。我国大规模储能的过渡性方案,目前主要依靠 100 多年前就已发明的抽水蓄能技术,依据我国《抽水蓄能中长期发展规划(2021—2035 年)》,抽水蓄能投产总规模每五年翻一番,到 2035 年形成满足新能源高比例大规模发展需求的抽水蓄能现代化产业。光伏技术应用场景,除了光伏发电,显现广阔前景的还有光伏制氢和光伏建筑。光伏制氢,也即用太阳能电解水制绿氢,相当于用氢作为储能载体,延展光伏应用。氢能应用最大麻烦是,制氢容易,但储氢、运氢有难度,要么以超低温存储液氢,非常耗能,要么压缩气体,需要解决易逃逸、易爆炸等安全隐患难题。氢能不具备液体能源在能量密度、低价运输、长期储存等方面的优势,不适合做大众能源载体。但如果能减少运氢、储氢环节损耗,将绿氢通过管道运输就近用于发电,可大幅减少火电厂煤炭消耗和碳排放,或直供化工装置,帮助化工、钢铁等排碳大户节能减排或降本增效,经济性会更好些。在氢能汽车方面,因涉及运氢、储氢环节和新建大量加氢站基础设施,其经济可行性有待观察。基于我国能源"多煤、少油、缺气"的国情,还有一种更现实的低碳技术路线,是把光伏制氢和煤制甲醇结合起来,制出比较便宜的甲醇,把能量暂时以液体甲醇的形式储存下来,替代汽油和柴油,无须大规模新建加油基础设施。在甲醇汽车方面,吉利汽车一直在做该路线的技术探索。我国已决定大力推广光伏建筑一体化,作为从用户侧探索分布式能源供需管理的切入点,相当于用"市场"和"计划"两种经济手段,来调节能源供需的总体平衡,弥补电网供电过分集中的弊端,光伏建筑会带动光伏建材组件的快速发展。此外,利用废弃生物质制造新一代生物质燃油,以及其他各类节能减排技术,也是能源科技创新领域重要的分支。最值得期待的,新一代核能技术,核聚变发电,有望成为解决人类能源问题的终极方案,但预计会出现在更远的未来。新能源项目,技术路线变化多,通常都是重资产投资,投资回收期长。对新能源科技前景的合理展望,一定要选择已证明经济可行的技术路线。

行业情报

最优先的行业情报线索,来自上市公司的年报或者季度财报,特别是行业领袖企业的公司年报。上市公司年报中,基本上都有"行业基本情况"这一章节,好的公司离不开对所在行业的深度研究,其年报所引用的数据和观点来源,又为我们提供了信息源头线索。沿着该线索的源头信息渠道,在后续年度密切关注该信息渠道所体现的相关数据变化,就可以较早地发现行业所出现的新变化,以调整并优化自己的投资决策。以宝丰能源 2020 年报为例。在"行业政策及其变化"章节,该年报罗列了主要政策文件目录,沿着该目录的指引,我们可以通过这些政策文件了解行业基本情况和政策导向。该年报在描述行业前景时说,"我国的资源禀赋特点是富煤、缺油、少气……在这种化石资源禀赋特点及下游石化产品消费持续旺盛的双重推动下,我国现代煤化工产业快速发展,已成为石油化工的重要补充。煤制烯烃作为现代煤化工领域重要组成部分之一,近年来技术推广及产业发展迅速,产品市场份额不断扩大,成为现代煤化工中经济效益最好、产能增长最快的分支领域"。得出这些判断的数据来源,该年报提及了"国家自然资源部编著的《中国矿产资源报告 2019》、中石化经研院数据"等。该年报在描述行业供需状况方面,提到"目前,我国聚乙烯、聚丙烯的消费仍处于快速增长阶段,消费增长高于产量增长,进口依赖度近年来一直维持高位并逐年攀升。2020 年,我国聚乙烯表观消费量 3860 万吨,同比增加 428 万吨,增长 12%;产量 2032 万吨,同比增加 238 万吨,增长 13%;进口量 1853 万吨,同比增加 187 万吨,增长 11%;进口依赖度 48%,从 2016—2020 年国内进口量呈逐年稳定增长趋势",上述行业供需数据,注明了数据来源于"卓创资讯"。就为我们找到"卓创资讯"这个行业情报来源提供了线索。再进一步了解"卓创资讯",发现其专注于提供大宗商品市场及时、准确的价格行情和深度分析、预测,是信息资讯行业的第一个"中国驰名商标"。尽管年报是静态的,但行业资讯是及时更新的,当我们找到权威的信息源头,更早地发现产品价格变化,从而作出合理预测,就能比那些被动等待信息披露的投资者,在观察行业趋势变化上,拥有行业情报上的相对优势。

　　行业领军人物或者行业政策制定的关键人物的公开言论,是洞察一个行业很重要的情报来源,而且这类情报比较容易及时找到。业界大佬对行业动向和政策风向比较敏感,他们的一些公开看法往往代表着行业未来的发展方向,甚至会短期催化出一些投资热点。定期收集留意行业关键人士的公开言论,以此管中窥豹,能够比较高效地理解一个行业的发展现状、存在瓶颈、绝佳机会与潜在风险。这样的关键人士主要有,广受尊敬的企业家、科学家、政府官员等,其身份地位越权威越好。企业家要取得商业上的成功,首先要承担失败的风险,所以特别讲究天时、地利、人和的统一,其思考的观点往往比较务实和接地气;科学家对科学常识理解更深,对新兴产业技术路线的选择以及取得重大突破的可能性评估,往往更具优势;政治家因为对政策的走向具有决定作用或者信息优势,其隐含的态度和观点,会提示某些行业风险以及未来改进的方向,对评估机会和风险有重要参考作用。行业领军人物和关键人士的观点,对行业的理解,有时候会趋同,有时不同。当出现不同观点时,应进一步比较分析不同之处,找出不同结论的各自假设前提,进一步探究,可显著加深对该行业的理解深度。为使自己的理解更加接近理性,对具备人脉资源的职业投资者来说,走访请教行业专家和资深从业人士,也是非常有必要的,把自己搜集的行业趋势数据和未来推演,与专业人士交流,如果自己的判断或理解能够获得业内专家的认同,信息之间能够相互印证,基本上自己对趋势的判断就是准确可信的。如果自己的判断与业界专家的理解或认识不一样，也能发现存在理解差异的原因，有助于进一步发现问题，并继续更多有针对性的信息搜集，来提升行业认识。

官方数据库、行业数据库、券商行业研究报告、专业咨询公司报告、媒体网站等，对投资者了解行业信息，均有一定参考价值。官方数据库反映的数据较为公正和权威，主要包括政府官网和行业协会公开信息。宏观经济运行情况和国务院各部门运行情况的数据，在中央政府官网有相关链接入口，GDP、CPI、PPI、工业生产增长速度、社会消费品零售总额、货币供应量、贷款市场报价利率LPR、境内股票市场总市值、外汇储备量、税收收入情况、国有企业经济运行情况、全社会用电量等重要数据，均可从中央政府官网获得。国家统计局也经常会对实时数据作出官方解读，对了解国家整体宏观经济情况很有帮助。行业协会作为半官方性质的机构，其公开信息具有一定公正性、权威性，对所在行业涉及的情况会更细。行业数据库，对数据的归纳整理较专业，比较分析会更直观，如果找到了最为专业的细分领域行业数据库，就能找到自己想要的数据。券商行业研究报告，会对行业作出具体的投资建议，对投资者更具实用性，大量阅读有助于对行业的多视角理解，行业研究报告中引用的数据，也为我们找到行业数据库的来源提供帮助。专业咨询公司售卖的报告，可以有更深度的行业分析，具有一定参考价值，但一般售价昂贵，购买前需要判断报告对自己是否有参考价值。这些咨询机构的数据较为全面，但数据的真实性需要进行甄别。媒体网站信息，取决于媒体网站的声誉，声望越高其数据可信度越高，媒体网站信息的优势是更新及时，但数据信息中，有时难免掺杂宣传成分和作者个人喜好，其客观公正性要进行独立审视,应择其良者而用之,避免盲从。

　　信息搜集应顺藤摸瓜,多管齐下。在搜集了充足行业信息后,通过信息之间的相互印证,进行甄别。信息搜集和甄别的目的,在于对现状真实情况的了解,让行业分析建立在可靠的基本事实的基础之上。类似于法院判案中的举证和质证环节,只有经过充分质证的证据,才可以采信作为认定法律事实的依据。如果事实认定不清,行业分析将走向错误的道路,投资会出现严重的错误。在了解现状真实情况后,通过行业分析方法,投资者可以根据已经印证的数据,结合行业特点、趋势、周期、障碍等因素预测未知数据,对行业未来发展情况作出合理判断。信息的质量,反映在准确性、重要性和及时性三方面。其中,对准确性的要求,大方向的模糊正确比小细节的精准更为重要。对分析结论有重要影响的信息,要尽量找到信息的源头,多掌握一手信息,并进行印证核实。为及时掌握有质量的信息,对一些主流的更新频率高的行业数据库,平日应多做一些积累。国家统计局的统计数据,主要反映国家的整体运行情况;工业和信息化部的工信数据,涉及原材料工业、装备工业、消费品工业、通信业、电子信息制造业、软件业、互联网、网络安全的产业数据;发展和改革委员会的发改数据,主要反映宏观调控、经济贸易、煤电油气运、粮食流通等方面的发展数据,其更新频率可满足实时了解行业发展动向的需要。更细分领域的行业数据,可通过一些社会化的专业数据平台获得,比较知名的有前瞻数据、艾瑞数据、极光数据、卓创资讯、万得(Wind)资讯、东方财富(Choice)资讯等等。国外知名的资讯机构主要有路透(Reuters)、彭博(Bloomberg)、摩根士丹利等。

行业分析

　　行业景气度分析,是价值投资,甚至趋势投机在进行行业分析时最为重要的考量因素。投资标的企业所属行业越景气,其经营业绩逐年提升的概率就越高,投资的回报风险比就越好。行业景气度是一个相对概念,如果该行业的市场规模增长率、产品利润率、净资产回报率等指标均数倍于 GDP 增长率,说明该行业景气度较高。景气度分析离不开对景气周期的观察和识别。景气周期有长周期和短周期之分。长周期是指一个行业的生命周期,即该行业从出现到完全退出社会经济活动所经历的时间,主要包括四个发展阶段,萌芽期、成长期、成熟期、衰退期,完整周期循环可能需要经历几十年。在行业萌芽期,市场规模增长率较快,需求旺盛高速增长,技术迭代快,进入壁垒低,行业内竞争者数量少;进入成长期,市场规模依然较快增长,需求继续高速增长,技术渐趋稳定,进入壁垒已提高,行业内竞争者数量明显增多;到了成熟期,市场规模增长率放缓,需求依旧旺盛但增长率降低,技术上已成熟,行业进入壁垒已高,并充分竞争;到了衰退期,市场增长率逐渐下降,需求萎缩,行业竞争者数量减少。依据以上特征描述,可以大致判断,一个行业处于生命周期的哪个阶段,该行业是夕阳行业还是朝阳行业,未来五到十年,该行业是更有前景还是走向衰落。景气周期对于看清行业大趋势非常重要。例如,就硅基芯片行业而言,尽管该行业已经成为支柱产业,但行业市场增长率放缓,产品需求依旧旺盛但已形成寡头竞争,行业进入门槛非常高,硅基芯片技术发展已非常成熟,根据这些表现,可以推断硅基芯片行业已处于生命周期的成熟期。随着硅基芯片的物理性能逼近极限,碳基芯片已经成为业界探索的重要方向,碳基芯片行业尚处于行业萌芽期。在长景气周期的成熟阶段和衰退阶段,也会出现历时较短的短景气周期,主要因产品供需的短期失衡而引发价格剧烈波动,改变了行业景气度。例如,养猪、钢铁、有色、航运等成熟行业,都曾出现过行业景气度迅速提升的情形。短景气周期,供需失衡在市场调节和政府调控之下,很快会恢复,甚至走向另一个极端,从供不应求迅速走向供过于求。行业短景气周期虽然历时短,但往往也会对股价造成剧烈波动,在某个年度内该行业会产生短期暴利机会,趋势投机者善于利用短景气周期的剧烈波动,来获取中短期超额回报。

　　行业集中度和产品渗透率分析,是衡量一个行业发展阶段的重要指标,间接影响到行业的合理估值水平,应作为行业分析的重点。许多行业都走过渗透率快速上升的成长阶段,进入竞争市场占有率的成熟阶段,经历行业集中度逐步提升的过程。在产品的生命周期中,当渗透率低于10%时,往往还是一个产品的导入期,产品的前景面临较大的不确定性,进入壁垒还不高;随着渗透率进一步上升越过10%,产品开始展现出较好的性价比,行业前景变得光明,市场需求也开始爆发,行业也进入快速成长期,行业投资者迎来最佳的投资时机,股价能够享受到业绩和估值的双提升,形成戴维斯双击;当渗透率超过70%,行业进入成熟阶段,需求的增长也开始放缓,渗透率的提升速度也明显变慢,行业内企业之间的竞争,转变为对市场占有率的竞争。一个行业的增速放缓后,必然经历行业洗牌,伴随行业集中度逐步提升,最终形成寡头垄断的行业格局。在渗透率快速增长阶段,行业处于成长期,产品供不应求,行业新进入者和龙头公司,都能享受到行业成长红利,实现快速的业绩增长,中小企业反而可能具有更高的业绩弹性。进入行业发展的成熟阶段后,行业集中度提升,那些"市占率"更高的龙头企业,在产品质量、规模效应、品牌口碑、研发投入方面,将更具竞争优势,在市场的成熟阶段可分得更多蛋糕,龙头企业往往可享受估值溢价。行业集中度较低,意味着行业内部面临更多的竞争者,对于行业的一般企业和新进入者,其生存空间受到挤压,不利于自身发展。行业集中度也绝非越高越好,提升过高,幸存的龙头企业虽然在供给上实现了垄断,但市场空间进一步提升的可能性也在显著降低,难以维系高估值,股价增长主要得依靠经营业绩的不断增长。在行业集中度较低的成熟行业,对龙头企业相对有利,因市场占有率还有较大提升空间,其股价还能继续享受到业绩和估值双提升的好处。

行业产业链分析,是深度认识行业无法回避的研究课题。任何一个行业的兴衰,都离不开与上下游行业之间的相互影响。产业链,本质是反映行业上下游各环节之间的相互依存关系的价值传递链。产业链分析的核心,应是分析上下游企业之间的价值分布,即行业价值链分析,明晰企业在行业价值链中所处的位置,以及该行业价值链中最为关键的位置,产业链中哪些环节最重要、利润较高?产业链的主导者是谁?产业链是开放的还是封闭的?核心技术是否已经成熟?产业配套是否完善?对于企业而言,当外部环境发生重大变化时,产业链上下游企业对其经营利润的影响,甚至会超出竞争对手的影响。应从行业角度,看待企业与上游和下游的关系,可利用行业价值链来达成降低成本的方法,防范产业链上其他企业整合对企业自身所构成的威胁。对投资者而言,可通过分析产业链中的各组成环节,找到产业链中的核心环节,才有可能找到一个行业的真正机会。产业链有封闭和开放之分。在封闭性的产业链中,会存在一个绕不过去的环节,这个绕不过去的关键环节,犹如风口之中的"隘口",成为控制产业链中的命脉。如果能卡住封闭产业链中的关键控制点,企业的护城河就比较宽,后续经营会较为顺利。大部分产业链是开放性的,在整个产业链中没有哪个环节是绕不过去的,不存在关键控制点,只是各个环节的重要性和科技含量有所不同。开放性产业链,核心在于稀缺性,谁能获得稀缺环节的资源,谁就能在产业链中处于有利地位。如果开放产业链里没有稀缺性环节,那么谁拥有整合产业链的能力,或者谁能够在占领终端用户心智体验方面领先,谁就在行业产业链中拥有相对更高的竞争力。

　　行业财务特征分析,是价值投资者必修的基本功,是从定量化角度客观认识行业的科学方法。既包括对某行业内部多家公司的财务数据进行统计分析,以定量反映行业盈利能力、客观透视行业成本结构影响以及行业主流商业模式,也包括对不同行业之间的数据做定量比较,以客观评价不同行业各自的发展前景的相对好坏。行业财务特征分析主要包括:成本结构分析、权益回报分析、杜邦体系分析等。通过成本结构分析,可量化了解影响行业业绩的敏感因子,了解产业链上游价格波动对该行业业绩产生的影响程度,用以提醒自己对敏感因子的持续关注,从而对未来企业业绩变动趋势及时作出科学预测。通过权益回报分析,了解一个行业的平均盈利水平、业绩成长速度、业绩分化程度等行业情况,可通过股东权益回报率(简称 ROE,也称净资产收益率),了解该行业盈利水平;通过营收增长率、扣非净利润增长率等成长能力指标,来衡量行业发展前景;通过行业内不同企业业绩分化程度,来辅助判断行业竞争程度和生命周期阶段。杜邦体系分析,以净资产收益率(ROE)为重点,分解造成 ROE 高或低的主要决定因素,剖析主要财务指标之间的关系,揭示商业模式。杜邦分析法中几种主要财务指标的关系为:净资产收益率=总资产收益率×权益乘数,而总资产收益率=销售净利率×总资产周转率,也即,净资产收益率=销售净利率×总资产周转率×权益乘数。其中,销售利润率,反映行业生意的盈利难易情况,被称为盈利能力指标;总资产周转率,反映企业运营能力的高低,被称为运营能力指标;权益乘数,反映企业的融资能力、经营风格和风险偏好,被称为偿债能力指标。

企业

第六章

主业研究

    主营业务研究,是判断一个企业长期竞争力的首要问题,但极易被忽视。依据主业所涉范围,可区分出三大类别。第一类,主业专业化,企业主营突出,极易辨识,核心主打产品就一类,例如贵州茅台、片仔癀、涪陵榨菜等;第二类,相关多元化,有多条业务线,但都围绕在一个产业链或者一个大行业内,例如隆基股份、比亚迪等;第三类,非相关多元化,企业存在多个相关性较弱的主营业务,跨越不同行业,企业发展理念是什么行业能赚钱就转做什么行业,这样的企业为数众多。选择主业专业化,往往企业的主业是一台能够持续赚钱的"机器",企业发展并没有遇到增长的天花板,暂不需要进行多元化发展,这类企业极度稀缺,是长期价值投资者的首选投资标的。选择相关多元化的企业,通常是各业务条线具备共性技术或者共同客户基础,多元化拓展业务的代价很小,具备成本优势或者显著的业务协同效应。也有的原因是某个细分行业的龙头企业,基于细分行业发展空间的制约,而沿着上下游或者相关行业所做的生存空间拓展。通过相关多元化发展战略,实现企业二次创业,也有不少成功案例,产生过不少伟大企业。选择主业多元化发展,大多是企业原有业务增长乏力后的迫不得已,本身反映了企业发展面临的窘境,暴露了企业的忧虑。非相关多元化的企业,为数最多但取得伟大成功的最少,只有极少数行业龙头企业,在取得细分行业垄断地位后,基于强大的企业家精神和使命感,对另一个新兴行业不懈努力坚持,才零星产生一些跨界多元化的成功案例。而现实中更普遍的情况是,原有主业并未做强就试图多元化,最终演变为企业主业的多元恶化。价值投资者要十分警惕这类企业,特别要坚决回避那些为追逐热点行业而多次变换主营业务的企业。无论是中期主题投资,还是短期题材炒作,都需要企业主营业务与市场当下认可的题材高度契合。在上市公司数量显著增长、研究精力有限的情形下,对上市企业研究可聚焦到熟知主营业务的重点上来,在大脑中建立初步印象,就像刚入校时,为更快融入同学,先记住新同学的名字和籍贯一样。逐步培养快速感知能力,发现涨跌幅前列企业存在的主业联系,交易者就能更快发现市场偏好,拥有盘感优势。

主营业务研究,一定要结合该业务所属行业的发展背景去理解。行业相当于提供了坐标系,公司的核心生意好不好,对标一下坐标系,就有了评判参考。从企业经营业绩增长的连续性角度考虑,如果一个企业主营业务所处行业的增长率,高于社会整体经济的增长率(可用 GDP 衡量),且该企业增长率明显优于行业增长率,那么,这个企业的业绩保持多年高速增长的概率就高些。历史上那些长期大牛股,大多数位于同样高速增长的行业,例如医疗健康和新兴高科技行业等。行业能够长期高速增长,是因为行业提供的产品或服务,帮助社会解决了某项长期存在的问题,或者创造了新方法或新商品更好地满足了社会需求,在兼具社会效用的同时,自身也具有较好的经济效用,具体表现为市场增量空间不断扩大,行业渗透率不断提升。从行业地位和同行竞争实力角度考虑,具有明显竞争优势的企业,既能从增量市场中抢占更多的新机会,也能在存量市场中,通过逐步提高市场占有率,蚕食同行的发展空间来改善自身经营业绩。行业地位可以通过数据比较得出定量的结论,但历史数据是静态的,企业竞争实力是动态发展的,当下规模最大的,在未来不一定是竞争实力最强的。企业竞争实力的动态分析,常常从供应商的讨价还价能力、客户的讨价还价能力、潜在竞争者进入的能力、替代品替代能力、同行竞争者实力,即"波特五力分析模型"来拆解研究,上述"五力"分别反映了企业在行业产业链中的主导权、企业对自身生意的定价权、企业生意的门槛高低、企业护城河的宽窄深浅、企业的行业地位现状。波特五力分析模型的好处是,既考虑了行业的发展环境和发展现状,也分析了影响行业内部竞争未来格局的重要因子。价值投资者应进一步深度学习该分析工具。即便已处于中速增长但集中度尚低的行业,那些具有明显竞争优势的行业龙头企业,依然可以同时通过提高市场占有率的方式,在存量市场里获取更多市场份额,使得企业业绩保持连续多年的高速增长。综上,要么所处的行业高速增长,要么行业处于中速增长但集中度尚低,且在同行中具有显著竞争实力,此类企业才适合作为价值投资者认定的"好公司"的可选标的。

主营业务研究,一定要从周期角度研判主营业务发展所处的阶段。价值投资者要判断"好公司"是否处于一个"好价格"的区间,除了考虑企业经营业绩外,还要考虑企业的市场估值周期,即什么样的市盈率是一个合理的市盈率水平。企业的市场估值周期,受到企业盈余增长率周期的影响,企业的盈余增长率周期,又受限于企业的生命周期阶段的制约。一家企业从创设出生到最终衰落消亡,是确定性的事件。其间会先后经历四个阶段,初创期、成长期、平台期、衰落期。初创期的企业,投资机会与风险并存,但风险大于机会,亏损者居多;平台期企业,年度经营业绩基本保持稳定,但丧失增长动力,与债券投资差不多,又没有债券投资稳定,不值得长期投资;衰落期的企业,经营业绩呈连续下降趋势,甚至出现连续亏损,企业价值有归零的风险,应避免投资。股市投资,主要投成长期的企业。理清企业主业发展所处的周期阶段,事关企业的合理估值范围,进而关系到股价高低的判断。企业的整个成长期,可再细分为高速成长期、稳健成长期和缓慢成长期,之后就进入平台期。那么,如何判断企业主营业务处于成长期的什么阶段,就至关重要。大致可以从以下几个方面加以定性判断:第一,市场容量是否还在不断扩大,行业渗透率达到什么水平;第二,看行业龙头企业的市场占有率和行业的集中度,如果行业集中度低,行业龙头企业的业绩增长潜力就还有;第三,看企业储备的创新项目或者并购项目的发展状况,能否建立起企业发展的第二曲线。从财务数据的定量角度,如果企业盈余增长率远高于行业增长率和整体经济增长率,则企业可能处于高速成长期;如果企业盈余增长率高于行业增长率,而行业增长率又略高于整体经济增长率,则企业可能已处于稳健成长期;如企业盈余增长率高于行业增长率,但行业增长率并未超过整体经济增长率或者基本相当,则企业可能开始要逐步进入缓慢成长期。成长期的高速、稳健和缓慢成长各阶段,是一个跨行比较后的相对概念。高速成长期的企业,市场愿意给的市盈率自然会高些,缓慢成长的企业,市场愿意给出的市盈率通常会低。

　　主营业务研究,要学会从上市企业各定期报告的比较分析,解读出企业发展的兴衰起伏。从定性的角度比较,主要涉及各期年报和中报对企业经营情况的讨论和分析,管理团队对当前主业发展前景的态度是信心满满还是忧虑重重? 影响态度的因素,是长期的还是临时存在的? 管理团队计划对当前主营业务是继续潜力深挖,还是开始谋求主营业务转型或多元化发展? 管理团队对主业业务的评价从何时在态度或观点上出现了转变? 企业从何时开始探索新的主营业务? 探索新主营业务的动机是什么? 培育新业务的理由是理性客观还是牵强附会? 新业务与原有主营业务之间的关联性和协同效应如何,是否存在共性技术或者共同客户有利条件? 管理团队对新业务的理解是否深刻? 新业务预计何时进入关键节点? 实际进展情况如何? 商业可行性和效率验证如何? 擅长比较分析的投资者,总能够从字里行间预判出企业在未来发生变化的临界点,提前解读出企业的发展节奏和兴衰趋向,深度理解企业业绩产生较大变化的原因和主要影响因素存在的时间长短。从定量的角度比较,主要涉及各期年报、中报、季报中主要财务数据变动的比较。通常用环比和同比来衡量变化速度。其中,环比是将当期数据与上期数据做对比,而同比是将当期数据与上年同期数据做对比。同比主要是为消除季节性影响,对经营业绩受季节性影响较大的主营业务,采用同比衡量变化速度,相对更科学。对季节性影响不大的主营业务,采用环比衡量变化速度,觉察相对更快速。环比与环比相比较,业绩变化趋向是在加速还是减速,可帮助及时识别业绩变化临界点。对主营业务多元化的企业，还涉及对各条线主营业务在整体主营中的占比及其变动方向，这样的变化趋势在未来会导致企业的整体毛利率的提升还是降低？此外，通过上述定性比较与定量比较相结合，追踪对比各期报告文字表述和财务经营数据，通过前后验证，可以衡量：管理团队对于业绩变动归因是否客观？管理团队信息披露行事风格，是激进还是保守？管理团队对主营业务行业理解和潜在经营风险，是否考虑得深刻和全面？这些问题的答案，很多线索细节都藏在定期报告的比较分析中。当然，要弄清这些，投资者也需要具备一些历史和文学功底，才能听出弦外之音。

财报分析

　　财务报表是上市企业与价值投资者进行交流的通用商业语言。财务报表主要反映企业某个时点的财产情况，某段时间内的经营业绩和资金进出情况以及造成重大变化的原因，分别由资产负债表、利润表、现金流量表和附注来体现。利润作为直接影响股价的主要变量，普通投资者容易相信企业利润表披露的结论，但职业投资者更重点分析资产负债表和附注，并用现金流量表来验证利润表的合理性，用以发现企业管理团队的业绩粉饰或掩藏行为。资产负债表右边记录的是负债和所有者权益，是企业财产的来源，分别反映企业可用财产中有多少是借的，有多少是自己的。资产负债表左边记录企业的资产，资产是企业产生收入的来源，不能创造收入的资产,就成为企业的无效资产。各资产类别按照变现难易自上而下排序,在总资产中的占比在经营期内发生变化,也反映企业的钱去了哪里？结合同行报表比较着来看,大致能反映公司与上下游之间的议价能力,以及企业竞争力的强弱。资产负债表中,应收账款、应付账款、预付账款、预收账款、存货等几项子目变化情况尤为值得注意,利润操控最容易在这几个地方留下痕迹。利润表,反映经营期内的经营业绩,股市最关注,也最容易造假。持续性好和真实性高的利润,才是高质量的利润。企业利润核算体系中,利润＝收入－成本－费用－税收,利润操控方法,主要围绕提前或延后确认收入与成本,达到调节利润目的。将利润表中成本、费用、税收在收入中的占比,与同行以及自身历史情况进行比较,如有异常就要从附注里找到解释。如果解释不能令人信服,就应引起警觉甚至直接排除,以免踩雷。现金流量表反映公司的资金活动,分为经营活动、投资活动和筹资活动。经营活动现金流净额为负的企业,入不敷出,通常日子不太好过。如果经营活动现金流净额长期为负,而企业利润长期为正,就要考虑企业利润并不能收回的原因,企业财务粉饰的概率就大。筹资活动现金流净额长期为正的企业,表明企业向市场索取的多,回报的少,长期对股东并不友好。三张表的附注,多数投资者没有耐心读,但企业必须披露但又不想让你弄明白的东西,往往藏在附注里。要深度理解这门商业语言,职业投资者需要先行学习会计和财务管理的课程,特别是杜邦财务分析体系、成本结构分析等内容,要熟练掌握,打好财报分析的基本功。

财务报表是上市企业的价值说明书,衡量企业的盈利和成长能力。衡量企业盈利能力的两个核心财务指标是净资产收益率和产品销售净利率,分别反映的是企业为股东创造回报的能力和企业主营生意的盈利能力。净资产收益率过低,说明企业对财产的利用效率低,没有用好资产,或者企业资产中无效资产占比过高,为股东创造回报的能力弱。也有一种例外情形,就是企业刚刚大额募资,账上现金因用途监管限制,产生资金闲置,拉低了净资产收益率。对此类情形,可暂将净资产中的现金扣除,进行修正调整,计算出修正后的净资产收益率,供决策参考。我对企业净资产收益率的最低要求是 GDP 增长率的 3 倍,低于此值一般免谈,除非企业有特别伟大的目标。产品销售净利率,衡量着主营产品生意的好坏,销售净利率高,说明产品的盈利能力强,利润空间大,企业暂时拥有理想的赚钱机器。与产品销售净利率相关的两个财务指标是销售毛利率和费用率。毛利率的本质是客户离开企业的成本,费用率的本质是获取客户的成本。毛利率高的产品,大概率与垄断程度相关,产品供给侧受限,产品有稀缺性。毛利率与企业的历史数据相比,如果趋降,说明市场竞争加剧,行业地位不保,企业需要降低毛利率保市场份额。如果毛利率稳定或趋升,则说明企业的行业地位并未受到影响,能够维系垄断格局。费用率低的企业,说明销售毛利率与销售净利率的差额不大,企业无须为拓展客户而支付过多的费用,侧面也说明企业的产品供不应求,不愁卖。销售毛利率高且费用率低的企业,往往综合反映了企业产品供不应求的现状。衡量企业成长能力的两个核心财务指标是,总收入同比增长率和扣非净利润同比增长率。该两项增长率本身进行同期比较,如果收入增长率高于扣非净利润增长率,往往体现为产品销售净利率在下降,也可能企业在推行薄利多销战略,或者产品竞争力在下降。如果扣非净利润增长率更高,很可能原因在于企业产品的盈利能力在加强,企业的定价权和议价能力在提升,或者产品本身具有规模效应。企业成长能力指标与企业的市盈率 PE 估值相关,对增长率的真实性和合理性,要谨慎论证。

　　财务报表是排除企业的筛选器,能显著提高选股的效率。国内上市公司几千家,如果每家企业发布的年报都认真读一遍,会浪费太多有限精力,时间上也不现实。这就需要通过财报筛选作出取舍。第一道筛选,用净资产收益率排除企业。除非知名新兴行业龙头企业因有远大抱负对暂时的财务数据可以放宽标准外,我会排除净资产回报率 ROE(净利润/净资产)低于 10% 的企业,不纳入研究的范围。二级市场的投资者,作为上市企业的小股东,本身处于弱势地位,如果企业的净资产回报率,不是显著高于社会整体经济增长率(GDP)或者资金平均回报水平(银行贷款利率),小股东投资所面临的风险,就得不到超额收益的补偿,极容易陷入不利。第二道筛选,用销售毛利率和净利率来精选企业。本质是用财务指标找出正处于好行业的好公司。在财务数据所反映的特征为,毛利率很高(大于 75%)同时能够多年保持稳定的企业,或者毛利率较高(大于 45%)且连续多年保持趋升的企业。前者说明行业地位稳固,后者反映行业地位上升。最好销售净利率也能够大于 30%,企业的获客成本不高,费用率较低,这样的企业主营,是比较理想的赚钱机器。第三道筛选,用收入增长率和利润增长率等成长性指标来衡量估值。好企业当前的价格如果高估,会表现为市盈率大幅高于收入或者利润增长率,买入就要更加谨慎,要耐心等待股价回落的时机,空闲时再加强对估值合理性的深度研究。同理,好企业当前的价格如果低估,会表现为市盈率大幅低于收入或者利润增长率,这样的企业就值得马上展开深入研究。经过上述三重过滤后,可选标的范围就会大幅缩小。研究者先对候选企业的财务三张表和附注仔细阅读,再有针对性地从其他维度加深企业研究,精益求精,优中选优,实现选股效率提升。

财务报表是上市企业的体检报告,有助于识别表面光鲜的造假企业。财务报表披露的数据良好,是好企业的必要条件,但非充分条件。财务报表用来证伪一家"好企业",相比用来挖掘一家好企业,更加可靠。甚至可以说,财务报表的功能主要是用来证伪的,而非用来证实的。当期利润的表现良好,究竟是可持续的真实成长还是昙花一现或者做账技巧,一般从以下几个角度加以判断。第一,了解当期利润同比增加的主要原因。当期利润增加,究竟是销售数量或者产品售价的提高,还是降本增效提升了销售净利率,还是产生了非经常性收益。非经常性收益不常有,在看待当期经营业绩时应作相应扣除。降本增效取得的利润空间,要看其经营手段的合理性。只有真实的需求和购买力才是一个企业持续成长的原动力,反映在财务上,会表现为产品销量的增加或者售价的提升。第二,分析当期利润转化成了企业的什么资产。当期增加的利润,实实在在地将利润收进企业,通常转化为企业可自由使用的货币资金,与经营活动净现金流的净额相匹配。如果不能匹配,就要具体分析原因了。如果是转化成应收账款,则反映了赊销的产品利润尚未进入企业账户,常年处于赊销的企业财务造假嫌疑很大。如果转化为存货,就要看其动机,是为满足未来产能扩张备料的正常需要,还是通过加大生产量来摊薄产品固定成本。前者一般都有产品供不应求的前兆,后者会导致记账时已售产品单位成本下降而改善当期利润表现,但实质上为产品积压,该存货容易转化为坏账,为未来业绩埋下祸根。如果利润主要转化为预付账款、长期股权投资或者商誉,要深度探究其合理性,如果管理团队给出的理由不能令人信服,就要质疑对外输送利益的可能性。第三,判断利润转化成的企业资产是否能够创造复利。企业形成的利润如果不进行分红,就要转化成资产继续创造复利,才能维持企业的后续增长。利润转化成的资产,如果无效或者低效资产占比过高,则相当于账面上的财富会打折,业绩隐藏的"雷"在日后会体现出来。例如,应收账款账期越长,风险隐患就越大,需要折价作风险补偿;存货在未来是贬值预期还是升值预期,如果存在较大贬值预期,将来计提跌价准备时会吞噬未来利润,影响未来业绩表现;长期股权投资的收益率如何,如果低于主营的销售净利率,将来这块资产就会拖业绩后腿。

财务报表是上市企业的透视镜,也能透视出企业的经营战略。ROE 综合反映企业的盈利能力,按照杜邦分析模型,ROE＝销售净利率×总资产周转率×权益乘数＝(净利润/总收入)×(总收入/总资产)×(总资产/净资产)。销售净利率代表着产品或服务的盈利水平,总资产周转率代表企业的营运管理能力和资产的循环利用效率,权益乘数代表着企业利用财务杠杆的程度。依据以上拆解,ROE 的主要来源,可以对应着三种不同的实现路径,或者说是不同的经营战略或者商业模式。第一种常见战略是产品差异化战略，该战略下的产品具有稀缺性，企业有比较强的定价权，售价高，往往销售净利率较高，也正因为售价高，通常产品卖得慢一些，表现为资产周转率相对低些。第二种战略是成本领先战略，该战略之下企业往往采取"薄利多销"的经营策略，通过降低销售净利率来提升销量，而销量增加就意味着更高的资产周转率，对企业的营运能力会提出更高要求，从管理和规模中要效益。第三种战略是提升财务杠杆战略，主要通过提高权益乘数来提高 ROE，举债经营。当行业处于高速发展期，权益乘数高的企业会有较高的盈利能力。但一旦行业增速降低后，经营回报达不到贷款利率水平，财务杠杆会吞噬企业盈利，甚至导致企业面临财务困境。相对而言，第一种战略，是行业本身好或者产品盈利能力强，更能代表企业竞争优势，可持续的时间会相对久些。而通过第二种战略实现高的 ROE，对管理团队的营运能力要求高，会不可避免陷入价格战，加速行业洗牌，其中最具竞争力的幸存者也有可能通过这种方式获得垄断地位，但对于大部分企业而言，有巨大的淘汰风险。通过第三种战略实现高 ROE，仅限于行业处于高速发展期，一旦在行业衰退期采用这种战略，会给企业带来巨大的财务风险，甚至是导致企业死亡的风险。一家真正好的企业，应该是在没有财务杠杆的情况下也能获得较好回报。通过提高负债率来提高净资产收益率，在宏观经济放缓时往往很脆弱。通过经营战略的透视，结合行业发展阶段，有助于判断高 ROE 企业经营战略的合理性和潜在隐患。经营战略存在问题的高增长企业，要高度警惕未来业绩变脸。

历史研究

　　企业发展过程留下的历史记忆,是预判企业未来股价发展潜力的重要依据。以史为鉴,可知兴衰。历史不完全决定未来,但为未来发展提供了制约条件。了解企业历史,是投资者评判企业时非常重要的工作。要深入研究企业历史,至少应从四个维度展开,分别为业务维度、财务维度、经营维度、市场维度。其中业务维度,要搞清楚企业是怎样赚钱的,主要包括主营业务变化情况,以及核心产品的销量和售价变化情况,重点了解主营业务稳定性、未来收入可预期性等。如果每年提供同样的产品和服务,业务稳定并未变换,说明该业务持续性较强,有市场生存空间。企业核心产品如果具有标准化特征,企业未来业绩的预期偏差会相对小些,这样的企业相对更容易为投资者所理解,可预测性强,长期投资的风险就相对小些。财务维度,定量评价企业赚钱的效率问题,主要包括销售毛利率、销售净利率、净资产收益率等关键财务指标的变化,通过历史比较分析,能反映企业生命力变化趋势,透视出企业发展所处阶段,具有持续稳定的经营历史,预测其未来能够取得持续的业绩,更具有合理性。经营维度,重点考察企业经营管理团队的决策和应变能力以及诚信问题,主要包括经营计划完成情况和产能利用情况,以及核心管理团队成员变化情况、企业信息披露和诚信记录情况等,调查的主要目的,在于展望企业近期业绩范围和考察管理团队的可信程度。市场维度,重点考察股票筹码供求对未来股价的影响问题,主要包括该企业股价市盈率分布区间、重要股东和管理团队高管持股数量变化情况、限售股解禁情况等等,目的在于了解企业的投资安全边际,规避以过高价格买入好企业所承担的投资风险。

从业务维度和财务维度结合起来了解企业历史,就能初步了解企业生意模式的优劣。业务维度从定性角度看大势方向和趋势持续性,财务维度从定量角度验证大势判断客观性和比较个体差异。了解生意模式的优劣,一定要将业务和财务维度结合起来看,单纯业务维度的分析判断容易陷入主观,单纯财务维度的解读容易被数据所欺骗。了解企业的生意模式,首先,要看业务集中度,业务单一或主业突出的企业,通常竞争力强才不会考虑发展其他业务,也说明当前主业市场空间还很大。如果企业存在多项业务,主业不突出,各业务之间的相关性又较差,并没有共同客户群或者共性技术,即便企业财务数据暂时好看,也要重视长期投资的风险。业务多元化,会长期增加企业管理成本和风险。其次,看核心产品毛利率和净利率数据,好产品的市场竞争力,反映在财务数据上,就是核心产品的毛利率能够趋升或者能够保持基本稳定,净利率也在趋升。如果核心产品没有明显的市场竞争力,或者竞争力在下降,那么,投资者对企业生命能够延续多久就要持悲观态度,对股价市盈率的预期就要降低。核心产品市场地位趋升或趋降,影响企业未来的好坏。最后,看产品的销量售价数据。因销量受限于需求端的市场空间,售价受限于供给端的竞争地位。如果销量售价齐升,说明产品处于较佳状态,产品盈利能力不断增强;如销量增加而售价降低,说明产品需要不断降价才能稳固市场地位,该产品往往辛苦不赚钱,不是很好的生意模式;如果销量下降但售价可以提升,说明该产品抗风险能力不错,但市场空间已经走下坡路。销量下降而且售价下降的产品,已经在走向死亡的路上,这样的企业应当回避。好的生意模式,归纳一下,产品最好在供给上能够垄断,在需求上能够持续,财务在数据上能够验证。

从经营维度了解企业历史,重点在于通过管理团队行为来了解企业文化。好的企业文化最终会表现为企业良心和企业能力的统一。企业良心,是对利润之外的追求,重点表现为价值观、诚信度、责任感;企业能力,是对利润的追求,主要表现为决策力、凝聚力、执行力。投资者要善于从企业各项历史信息披露的细节之中,对企业的良心和能力作出解读,特别是从企业定期报告、投资者沟通会、业绩说明会、互动问答、经营团队变动、重大事项披露、企业主要领导公开演讲等历史信息中,全面感受企业管理团队的价值观、诚信度和责任感。管理团队如何处理大股东与中小股东之间的利益矛盾;管理团队有无清晰且稳定的使命、愿景和价值观,通过历史事件的长期观察,只要事件够多,时间够久,终会窥见一个企业的品格,如同日久见人心一样的道理。从企业历史信息中挖掘反映企业能力的指标,最最核心的是企业产能供给效率。产能是企业可供给商品量的数量极限,产能闲置率反映出企业产品的供求状态,产能营运效率反映出团队管理能力,产能规划反映管理团队对行业的洞察力,代表着管理团队对行业前景的理解深度。新增产能在规划和实际执行情况之间的预期差,反映出管理团队的决策力和执行力。产能释放的速度,以及规模对成本的影响,在未来会直接影响到企业收入和利润的变动情况。产能供给效率,是企业经营团队决策力和执行力的综合反映。此外，核心管理团队的相对稳定程度，可以成为衡量企业凝聚力的主要指标。团队之间配合默契，长期能够保持稳定，必定存在共同的价值认同，如果核心管理团队人员经常发生变动，往往是企业缺乏凝聚力的表现，企业的可持续发展会受到影响；高管团队的履历、薪酬和持股变动情况，也是比较重要的历史信息，可侧面反映企业高管的基本素质和对企业的认同程度。

从市场维度了解企业历史，主要帮助投资者以合理的价格买入好企业的股票。再好的生意模式和企业文化，如果没有以好的价格买入其股票，长期等待的时间煎熬，会导致投资者行为不理性，从而错失好企业的投资机会。例如，如果在 2007 年末以约 80 倍市盈率的历史高位买入贵州茅台，到 2013 年年末市盈率降至 10 倍，尽管这个过程中茅台的经营业绩约增长了 5 倍，但其股价几乎没怎么涨。虽然此后贵州茅台股价出现了巨幅上涨，"真理"终究没有缺席，但"迟到"的时间太久，很少有价值投资者能经受得住投资信仰的考验。从市场维度了解企业历史，主要从企业股价的市盈率分布区间，以及企业股票筹码结构的变动，来了解企业当前估值的合理性。企业股价＝企业每股盈利×市盈率。其中，每股盈利是由企业决定的，但市盈率是由市场群体给出的，企业决定不了。企业股价的市盈率，受到宏观环境和投资思想风潮的影响。市盈率在历史上会留有的数值分布区间，为投资者提供了长周期的参考视角。例如，历史上贵州茅台的市盈率，大约分布在 10—80 倍区间，其中大部分时间分布在 20—35 倍之间，如果当前市盈率在 50 倍，就要考虑今后市盈率的均值回归对股价的影响。如果当前市盈率在 15 倍,低于均值,当下买入,对未来股价的上涨,可以有更乐观的预期。除了市盈率历史分布区间外,还要了解企业股票筹码变动导致供求关系发生改变的历史情况。股票筹码结构变动的关键信息,主要包括以下几个方面。第一,限售股的基本情况,限售股解禁会直接增加股票筹码的供给,如果场外进入的资金不够,需求不足,打破原有的供求平衡,股价就有下行压力,特别是关键股东的减持,对市场心理影响较大。第二,要关注历史最大成交量交易日的收盘价,该价格相对于其他交易日,具有更重要的参考价值,对潜在进入者,形成强烈的压力或支撑位等心理影响。如果了解了企业的市盈率分布区间,以及筹码结构变动关键历史信息,那么对当前股价的合理性评估就有了大致的参考。

前景分析

企业前景分析,本质是以未来视角展望企业未来市值目标的分析过程。企业前景如果用企业未来市值目标来衡量,则算式表达为:企业前景=企业未来市值=企业净利润×市盈率=(行业市场空间×行业渗透率×市场占有率×净利润率)×市盈率。市盈率与企业预期寿命、增长率和贴现率等相关,简化来说,企业前景分析的影响因子,主要包括行业市场空间、行业渗透率、市场占有率、产品净利润率、企业预期寿命等。其中,行业市场空间,受限于社会未来需求的变化,而社会未来需求变化,是由社会决定的,企业个体基本影响不了,个体只能不断提升自身竞争力,通过提升市场占用率来扩大自己的利润空间。行业渗透率，反映企业所处行业的发展阶段。渗透率低于 10% 时，产品尚处于导入阶段，需求还不充足；渗透率从 10% 向 80% 的提升阶段，往往是企业发展最快速的时期，也是投资者最喜欢的企业发展阶段，此阶段企业市值容易享受到企业利润和市盈率的两方面提升，迎来"戴维斯双击"。渗透率超过 80%，市场进入成熟阶段，需求增长速度放缓，行业进入以"市场占有率"为重点的竞争阶段，具有竞争优势的行业龙头公司，往往强者恒强，会在存量市场中获得更大份额，表现为行业集中度的进一步提升。产品净利润率，反映产品在原材料基础上对价值提升的贡献大小，净利润率高的生意，赚钱相对不辛苦，在相同销售收入情况下能有更多的企业利润。企业预期寿命，与社会需求持续性有关，企业生意满足的如果是不易被改变的需求，则相对长寿，企业创造价值的年数越久，则企业全生命周期内净现金流就更多，也即企业价值相对越高。

企业前景分析，有助于规避企业未来业绩迅速变差的投资风险。一类风险是早熟企业并未穿越死亡谷，另一类是老化企业因社会需求改变被淘汰。两类风险都与投资者对社会需求变化的认知不足相关，容易被企业过往和当下靓丽业绩或"性感"题材所迷惑，并未看透问题本质而落入投资陷阱。早熟企业的特征是，所属行业尚处于新兴行业早期阶段，行业内出现了满足未来潜在需求的创新产品，概念很"性感"，但因产品供给效率、产品体验或者价格尚不理想，潜在需求受到科技进程抑制，尚未催生出大量需求，但企业急于表现出行业领先优势，甚至在企业利润额基数较小的情况下，通过各种手段粉饰业绩增长率，造成企业即将进入快速发展阶段的表象,企业业绩是被人为催肥,尚未经历死亡谷考验,这类企业虽然作为行业先行者,但存在巨大的不确定性风险,要熬到科技应用大爆发后再投资幸存的领先企业,才能有效规避这类风险而又不丧失对机会的把握。老化企业的特征是,新技术或者新政策出现重大变化,导致新的替代方案能够更好满足需求,或者原有需求消失,旧行业失去存在的意义,行业趋向灭亡。要高度重视成熟企业被市场淘汰的风险,特别是一些过往业绩优秀的企业,因科技变革或政策法规等重大变化,导致未来需求快速消失或转移,但投资者对企业认知仍停留在过往优异印象而欠缺敏感性,忽视变化,很容易造成巨大投资损失。例如,电商对线下卖场的颠覆,造成货场大转移,导致大牛股"苏宁电器"迅速陨落;医药集采制度对众多医药股的药品销售价格产生重大影响;课外培训禁止性规定,对大牛股"好未来"的毁灭性打击等。通过前景分析,对科技进程、政策变化保持敏感,可以排除当下业绩优异企业的投资陷阱。

　　企业前景分析,也可以筛选企业快速发展带来的投资机会。判断什么样的企业,其利润能够持续快速增长,可以通过行业市场空间、行业渗透率、市场占有率、净利润率等维度来比较分析,从而得出哪个企业的长期投资机会相对更优。行业市场空间,与社会未来需求变化有关。市场空间,越大越好,算式可表达为,行业市场空间=未来客户群数量×平均客单价×平均消费频次。也即,产品或服务受众越广,客单价越高,消费频次越高,那么行业市场空间就越大。行业渗透率,反映行业发展进程。成长股所处行业的渗透率,从10%向80%提升的期间,企业的成长性相对于其他时期会更好,总需求会释放得很快,行业内的参与者在行业大发展的背景下,往往都有生存空间。行业渗透率进入 80％以后,需求增长放缓,行业内的竞争加剧,企业业绩增长,靠从行业渗透率的提升,进入市场占用率的竞争。市场占用率,更多的是同行企业之间在存量市场里的博弈成绩。因为强者恒强效应,通常市场占用率高的企业具有更强的综合竞争力。龙头优势企业的市场占用率不断提升,会导致行业集中度不断攀升,当行业集中度也提升到比较高的程度时,供给上接近垄断,但市场需求也趋于饱和,龙头企业供给数量开始受到需求的制约,只有具备定价权的企业,通过产品提价,才能维系企业利润的增长。此时,企业获得利润增长的难度也相对较高,企业估值提升较慢。只有极少数始终具备定价权的企业,其利润才能延续增长态势。净利润率高的行业,天生富贵命。企业净利润率通常越高越好,但维持高净利润率是较为困难的事。

企业前景分析,有助于理解企业预期寿命和生命阶段。理解企业预期寿命,需要先理解与市盈率的关系。市盈率所代表的数值,可简化理解为,企业维系当下业绩需要多少年可以收回投资成本。从某种角度,动态市盈率的数值可以代表当下的市场集体对企业预期寿命的判断,尽管这种来自市场的集体判断结论经常变化。理解企业预期寿命与市盈率存在的相关性,就可以理解,为什么处于新兴行业的企业,市场给出的市盈率分布区间,相较于处于成熟行业的企业会更高些,正是因为新兴行业的企业处于企业生命进程的早期阶段,在企业预期寿命内,可生存的剩余年数相对较长,企业在其全生命周期内能够为股东创造回报的年数可以较久。对一家企业预期寿命的判断,要放在社会宏观和行业发展大环境的变化之中去理解,以及客观审视企业所能满足需求的未来变化。行业是否能够长寿,主要在于社会需求能否持续。企业预期寿命受到行业发展制约,与行业发展阶段密切相关,长寿行业,行业内的龙头企业就越易长寿。通常来说,因科技迭代快,而消费习惯改变慢,消费行业相较于科技行业更长寿。企业生命阶段,大致可以分为以下四个阶段。第一,初生阶段,行业出现满足潜在需求的创新产品,但因供给效率太低、供给体验太差或者供给价格太高,潜在需求受到科技进程抑制,尚未催生出大量需求,这类企业作为行业先行者仍存在巨大的不确定性风险,但一旦幸存下来领先企业等到行业爆发,企业前景不可限量。第二,成长阶段,行业需求快速增长,渗透率从 10％以上快速提升,参与市场竞争的供给者暂时不多,社会整体产能不足,产品或服务供不应求,产品价涨量增,企业盈利较为轻松,前景甚好。第三,成熟阶段,行业趋于成熟,渗透率接近饱和,潜在客户挖掘成本已经很高,而参与供给的市场竞争者众多,社会整体产能过剩,产品或服务供大于求,产品容易陷入价格战,企业盈利难度加大,只有龙头企业有相对确定的增长机会。第四,衰退阶段,行业需求逐步消失,或者新技术或者新政策出现变化,替代方案能够更好地满足需求,行业失去存在的意义,企业未来价值逐步归零是迟早的事。

竞争分析

竞争分析,是深度了解企业在行业内部竞争优势的长期动态变化情况。行业发展再好，如果企业在行业内的竞争力不占优势，企业的生存空间迟早会被其他优势企业挤占，最终淘汰出局。即便行业发展趋缓，只要行业需求仍能持续，企业竞争力相对较强，仍能通过不断提升市场占用率的方式赢得发展机会。企业相对竞争力的提升，才是企业生存发展的王牌。企业竞争力，最终要体现为竞争优势，是与同行比较出来的，强或弱是相对的。比较的指标，常有营收规模、产能效率、单位定价等，同业内规模最大、效率最高或者定价最贵的头部企业，比较容易识别，但做企业定量比较时，要注意区分"大"和"强"的区别。"最大"仅仅是竞争力的现状，但"最强"反映的是竞争力的未来，在衡量企业竞争力时，"强"比"大"重要，只是更难识别一些。行业地位排名，一般依据较为简单粗暴，仅用作发现优势企业的线索。营收规模的排名，本质是企业产能的比较，可进一步推演为市场占有率的量化，包括企业最大产能和产能利用率两个细分维度。如果是具有规模经济效应的生意，规模大就意味着成本低，最终反映为企业的成本领先优势。但并不具有规模效应的生意，规模大并不能体现为企业优势，反而可能是风险。产能效率的排名，本质是企业营运能力的比较，也即维系单位产能的收入所需要的投入，需要通过财务数据的详细比较而间接衡量，产能效率高的企业，企业把钱都花在刀刃上的，通常能表现为企业的成本领先优势，费用率低于同行。产品定价的比较，本质是产品性能的比较，客户能接受更贵的价格，是客户愿意特殊加价的产品附加值体现。持久且健康的产品高定价，是客户对企业创造价值的认可，这类竞争优势，相较于成本领先优势，往往会保持得更长久些。

competition优势，最终要体现为，在为客户创造超越成本的价值方面，相比于同行具有更强能力。如何发现拥有明显竞争优势的企业？首先，在财务数据上，毛利率、净利率以及两者的差额所反映的费用率控制，表现都会相对好些；其次，在核心产品上，品牌辨识度和知名度，以及客户忠诚度，会相对较高；再次，在企业文化方面，拥有竞争优势的企业，往往被同行所敬仰，行业内的口碑较好，是同行对标和模仿的标杆。最后，竞争优势还可以通过行业地位、企业规模、产能效率、产品定价等方面来做比较。行业地位排名，有第三方机构做出的，有业界同行做出的，前者相对商业化一些，有供企业宣传的目的，仅供发现线索，后者会相对准确性，业界公认的排名，往往更名副其实一些。企业规模的比较，大多采用总收入或净利润指标来简单排名，尽管客观，但仍需鉴别"大"和"强"之间的分别。产能效率比较相对客观一些，特别对于拥有低成本优势的企业，产能效率高，是其拥有低成本优势的主要原因。产品定价比较，也是发现竞争优势企业的一条重要线索，企业产品定价高，排除故意的情形下，往往代表产品的品质高端，市场可接受相对于竞品的额外加价，高定价，往往是发现拥有差异化竞争优势企业的重要线索。

竞争分析，并不仅仅着眼于竞争优势的现状，还应考虑竞争优势的未来演变。企业竞争优势最基本的两种类别为：低成本或差异化。即企业以更低价格满足客户相同的需求，或者向客户提供他们心甘情愿额外加价的特殊利益。从长远来看，差异化的竞争优势，相对于低成本优势而言更持久。低成本优势，在市场持续价格战后，保持的难度大，保持优势的可持续时间短。现在拥有竞争优势的企业,在未来能否持续拥有优势,关系到对企业壁垒、生意模式、企业文化建设等方面的解析,后文再详表。

企业壁垒

企业竞争壁垒,是新进入者所面临的障碍和挑战,是优势企业持续维持竞争优势的核心能力,是客户需要,但竞争对手满足不了的东西,是一种专门利己的广义专利,是企业真正的核心竞争力。比较典型的企业壁垒,主要有以下几种:产品差异化壁垒、平台网络壁垒、定价权壁垒、技术和资本壁垒、规模壁垒、转换成本壁垒、专营权壁垒。除了专营权壁垒,大多数壁垒都需要耗费大量时间和资源来构建,导致后来进入者在不断变化的市场环境中望而却步,竞争者少,竞争优势维持时间自然相对较长。其中,产品差异化壁垒,是市场化形成的壁垒,往往最为稳固,新进入者需要投入大量时间和资源来建立品牌和市场美誉度。平台网络壁垒,也是一种非常稳固的壁垒,客户一旦选择最为优异的平台网络,基于客户消费习惯和商户网络渠道构建,逐步会舍弃对竞品平台的需要,行业内部往往第三名都没有生存空间,而第一名的优势越来越明显。规模壁垒,本质是拥有先发优势的规模企业,通过不断降价,压缩新进入者的生存空间,新进入者很难迅速达到可以维持生存的经济规模,新进入者的发展机会受限制,最终可能导致市场垄断。汽车和手机制造行业,具备这种行业壁垒特点。技术壁垒,如果不具备费钱费时间的特点,在信息化的今天,越来越容易被攻破，技术本身日新月异，如果没有技术专利权保护，技术持续领先会越来越难。资本壁垒，从长期来看，并不能成为真正的壁垒，在国家力量面前，资本壁垒不堪一击。转换成本壁垒和专营权壁垒，并非长久牢固的壁垒。转换成本高，导致改变不愿发生，但并不代表改变不会发生，专营权壁垒，往往基于公共利益的需要，与政府公权力授权和法律管制有关，专营权取得，往往会有其他隐形代价，且有明确限期。

产品差异化壁垒，本质是市场化形成的"专利"。苹果智能手机，就是产品差异化壁垒的经典杰作。当竞争者在同一行业内部抢夺市场份额时，杰出的差异化品牌方，往往也在重新定义自身所处的行业。有意义和质量的差异化，是客户需求满意度的差异化，不是功能的简单差异化，更不是为了标新立异的产品外观差异化，而是能解决客户痛点或痒点的精准需求匹配的差异化，是与众不同的独特之处，是不同，而非改良后的更好，是唯一，而非第一。差异化壁垒，是企业可持续发展的可靠保障。差异化壁垒的内核，是客户满意度和忠诚度的超长持续，是伟大企业形成的重要成因。所谓的客户忠诚度，实际是客户的信任度，这个也是差异化竞争壁垒很重要的一部分。长期价值投资的首要选择，就要选具备显著差异化壁垒的企业，其竞争优势的保持期会较长，长期的复利增长，自然让企业变得伟大。长期拥有产品差异化壁垒的企业，本身凤毛麟角，应格外珍惜。

平台网络壁垒，是网络效应、规模效应和双边市场效应等因素叠加形成的综合壁垒，是技术、用户基础、商业模式等共同作用的结果。社交平台、电商平台、预订平台等这种壁垒优势尤为明显。

用户越多,平台固定成本的摊销越低,发展用户的边际成本趋近于零,规模效尤为明显。如果平台链接双边不同用户群体,一边用户的增加,可以增加另一边用户的体验,双边用户的增加,相互促进,正反馈循环,形成双边市场效应,壁垒就更强。如果没有监管机构的强力干预,要求互联互通,平台型企业形成的垄断,不可避免。而垄断正是企业超额利润的来源。

定价权壁垒,就是企业的产品基本可以不降价,甚至涨价。不会因为市场环境不好而参与降价竞争来维持市场份额。定价权壁垒,有些与产品差异化壁垒有关,有些与商品特性有关。随着时间的推移,能不断涨价的东西,就表示它有定价权壁垒。如果仅通过提高产品价格,就可以提升利润,但管理层尚未这样做,说明此时企业拥有尚未利用的提价能力,那么这样的企业,隐藏了部分未被释放的价值,它的股票大概率就是一只好股票。

技术和资本壁垒高,就是资本投入和技术难度都很大,后来者哪怕知道了技术原理也很难追赶,且试错成本极高。技术需要在不同路径上探索,生产工艺需要不断迭代进步,其间不仅需要长期的资本投入,还需要超长的时间等待,同时面临着不确定的结果,"烧钱又烧时间",失败者淘汰率很高。像芯片行业就具备典型的烧钱费时间技术特征,但先行的成功者,容易形成垄断地位。

单一的规模壁垒、技术壁垒、资本壁垒、转换成本壁垒,以及专营权壁垒等,并不牢固,而且往往有隐性代价,且竞争者破局相对容易。但企业如果将几种壁垒综合在一起,构造"城堡鳄鱼池",将会形成强大的竞争壁垒,有效阻止新竞争者的进入,维持自身市场地位,在供给侧形成垄断。复合拥有多种竞争壁垒的企业,市场不多见,也应成为长期价值投资者的研究重点。

生意模式

生意模式,是研究企业如何赚钱的模式。生意模式的好坏,就是企业赚钱的难易程度,生意模式越好,投资成功的确定性就越高。能持续赚很多的钱,源源不断产生很多净现金流,就是好的生意模式,既包括现在赚钱很轻松,更包含未来获利能力强,企业的剩余寿命长。一般情况下,好的生意模式不太容易被变化所影响,往往有非常强的竞争壁垒,甚至也可以说,非常强的竞争壁垒,是好的生意模式的前提条件,没有竞争壁垒,就谈不上好生意。特别是具有差异化壁垒或者平台网络壁垒的生意,保障了在供给侧所必然形成的垄断地位。在需求端,如根据客户面向群体为消费者、企业和政府,生意的类别分别定义为"2C""2B""2G",好的生意模式,往往都是"2C"的生意。消费者数量最大,企业数量其次,政府数量最少,用户基础数量最多,生意的广泛性越强,产品长期供不应求的局面就会维持得久,对单一客户的依赖度会较低。股神巴菲特一生偏爱消费垄断企业,刚好揭示好的生意模式的核心密码,即,在供给上垄断,在需求上广泛,最好是类似于消费这类"2C"的生意,产品能长久地供不应求。

产品差异化程度低的行业,难以有好的生意模式,差异化程度越高的行业,相对容易产生好的生意模式。行业内产品差异化程度越低,行业内的企业就越难赚到钱,不是降低成本增加竞争力,就是没有生意被迫关门倒闭。例如,航空业,客户主要关心送达价格,送人服务的产品差异化小,这种生意就必须通过价格战来吸引客户;光伏硅片,客户主要关心每度电的发电成本,光电转换效率相差无几的企业,也只能通过价格战来抢占市场份额,即便拥有规模优势的成本领先企业,也容易被后来者追赶,蚕食市场生存空间。长期而言,只有那些真的光电转换效率更高的企业才能生存,即拥有技术壁垒的企业,才有可能长期生存。哪些行业产品差异化大?例如与味觉相关的行业,香烟、酒水、调料等,产品差异化就很大,容易产生好的生意模式。

具有垄断属性、存货涨价属性、共性技术或共同客户群延展属性,容易产生好的生意;而资本支出大和高负债的生意模式,往往难以出现伟大企业。垄断,就是没有竞争对手,自然没有降价压力,竞争壁垒高,容易产生好生意;存货涨价属性的企业,卖得掉变钱,卖不掉涨价,抗市场风险能力强,不易受市场变化影响;共性技术或共同客户群开拓新市场产品开发成本或者获客成本极低,更容易获得超额利润。比较典型的坏生意模式,就是资本支出大的生意和高负债生意,如果企业为维持竞争优势,不得不将每年利润中的很大部分用于再投资,才能维持其发展,随着时间的推移,可用于股东自由支配的净现金流会少得可怜,股东难以有好的回报。高负债的生意模式,可能阶段性赚钱很多,实则饮鸩止渴,常在河边走,哪有不湿鞋,总有一天企业难逃猝死的命运,高负债模式,会大大缩短企业的生命周期,生意注定难以长久持续。

企业文化

　　企业文化是企业内部凝聚力的外在体现,是企业能够持续发展的思想保障。如果说好的生意模式可以让产品的生命周期大幅度提高,那么,好的企业文化,就是让企业的生命周期大幅度提高,实现未来净现金流增长的可持续,目的是让企业活得久。企业文化主要包括企业里全体人员的使命、愿景和价值观这三部分。使命,就是企业为何而存在;愿景,企业希望未来成为的模样;价值观,就是大是大非的界定,哪些事情是对的,哪些是不对的。企业文化,是企业员工普遍认同并自觉遵守的理念和行为规范的总和,是企业的行为准则和道德规范,管企业制度管不到的地方。强大的企业文化往往体现在:客户导向,和客户比较近;做错事的概率相对低、发现早、改得快;业绩表现好的机会大,企业活得久。

　　好的企业文化,可以为好的生意模式保驾护航,让好的生意模式持续得更久,可以从客户导向的服务过程中,帮助企业新发现好的生意模式,挖掘多条增长曲线,让企业生存得更久。好的企业文化,肯定有利润之外的追求,不是单纯利润导向,而是先坚持做对的事情,再去追求如何高效把事情做对。追求利润之外的东西,对于普通企业而言,可能显得过于奢侈和不切实际,但对于伟大公司而言,却是必不可少的。利润之外的追求,可以增加客户满意度和忠诚度,增加品牌的美誉度,增加员工和同业的认同感,延长企业的经营寿命。好的企业文化建设,具体而言,就是要把客户需求和利益，放在企业短期利润之前，讲诚信，讲公平，利润取之有道。阿里巴巴集团总结的"客户第一、员工第二、股东第三"，就是表达企业发展不受股东短期利益驱动影响的立场，在企业可持续发展问题上不能短视。

企业文化，本质就是一个企业的道德品质，可以用于排除坏的企业。和一个道德品质败坏的人无法完成一桩好交易。所以要避开和不信任的人做伙伴，避免向不信任的企业做投资。当一个企业的"品德"不行时，往往就不值得再花大量时间研究，更不能做长期投资。企业文化不好，最典型的特征就是不讲诚信，凡是之前有多次不诚信行为的企业，就应当回避。不讲诚信和做错事，是两个不同的概念，做错事，长期来看无法避免，关键是发现错误后，能否及时承认错误并做出改正，工作决策上存在重大失误，并不能武断地认为企业文化不好。不讲诚信，包含不诚实、不守信，不诚实的典型特征是，说一套做一套，自己都不信的东西让别人信。不守信，就是承诺的东西千方百计不兑现，变着法子违约和推卸责任。不守信，应与做得不及预期相区别，结果不及预期，并不都是不守信，可能存在外部原因。此外，要看企业管理团队的人品，看企业的文化建设，企业管理团队的人品不行，纸面上的企业文化就都是骗人的瞎话。

好的企业文化，以及好的生意模式，是好企业的两个最为重要的特征，也是长期投资最重要的事。好的企业文化非常重要，否则好的生意模式难以维持，有一句话形容得好，选择与谁同行，比要去的远方更重要，即企业文化的重要程度甚于生意模式。挑对的人，做对的事，结果往往差不到哪里去，未来赚钱是大概率的事情。

对企业的关注,财务报告是"果",企业文化和生意模式是"因",先有"因",后有"果",故找到好的长期投资标的,离不开对企业文化和生意模式的系统研究,而财务报表分析,只是用来定量验证曾经所做的定性分析。

价值

CHAPTER 7
第七章

价值钟摆

　　企业内在价值,应理解成哲学概念,而非数学概念。企业内在价值,是价值投资的根基,也是投资实战中价格所要瞄准的对象,但这个对象明显不是静态的,出击是很难打准的。价值投资理论体系为了解释价值,曾提出过四个最为重要的概念,分别是"市场先生""内在价值""安全边际"和"能力圈",联系起来叙述,推演逻辑大致是,"市场先生"情绪很不稳定,对企业价值向市场报出的价格,围绕在企业"内在价值"周边摇摆,漂浮不定,当"市场先生"报价偏离企业"内在价值"较远时,给投资人留出足够的"安全边际",在极端情形下投资,既能控制风险,还能取得投资收益。为了对"安全边际"和"内在价值"搞得更明白,便于计算清楚企业未来净现金流,应把投资范围限定在投资者自己的"能力圈"内,不熟悉的不投。"内在价值"定义为,企业生命周期内,未来净现金流的折现值。但投资实践中,很少有人真的会按定义的公式去计算这个数值。内在价值本身不是一个数学概念,企业内部并非真的就存在一个固定的"内在价值"数值,它仅是一个哲学概念。

　　出击所瞄准的内在价值,不是静态靶,而是动态靶。企业经营一直受到外部环境干扰,未来净现金流预期,企业经营寿命预期,一直都在变,即便投资者在"能力圈"范围内投资,能够准确估计企业未来净现金流,得拥有上帝视角,实际是不可能的。那些成功的投资大家,在投资实践中,都是降维处理预测难题,专门选择受环境干扰小、好算账的企业作为投资标的,使得自己对企业价值的假设和估算,更为接近理想中的"内在"。如果依据价格偏离内在价值程度来捕捉投资机会,但未理解"内在价值"实际是一个动态靶,就很容易陷入刻舟求剑境地,产生认知偏差,会导致投资实战,要么出手太早,要么出击太晚,错过最佳出击时机。"内在价值"是一个动态靶,静态理解"内在价值",是对价值投资产生误解的重要原因。

企业"内在价值"的变动,并非完全杂乱无章,而是受到企业自身经营情况约束,如钟摆摆动。价值投资理论,对企业"内在价值"所做的定义,其伟大意义在于,明确了企业内在价值影响因子,给出对企业价值模糊计算的思维方式。依据该公式,企业内在价值,主要受未来净现金流、企业寿命、折现率影响。其中,仅折现率与企业自身关系相对较弱,企业寿命和未来净现金流,都与企业自身有关,故企业内在价值必定受到自身经营影响,也就是说,企业自身经营情况,成为企业内在价值的一个固定点。企业内在价值的移动,运动轨迹如同钟摆。企业经营情况好,固定点就牢固,企业价值不会随风飘。价值钟摆的提法,是用动态视角,将企业"内在价值"思维转化为"价值钟摆"思维,在此基础上,才能完成从单纯地发现静态价值向发现动态价值的思想进化,更好地指导实践。

企业价值钟摆方向,与折现率变化有关。折现率取值对企业价值影响很大。总体说来,折现率取值趋降,企业价值会摆向更高。折现率,综合反映投资者资金的机会成本、期望收益以及对风险的态度,通常与当前的市场利率水平有关,但并不是简单的利率或贴现率。折现率,通常高于无风险利率,高出的部分,包含对风险的补偿。只有在不考虑风险因素的情况下,才简单使用市场利率作为折现率。在资产评估行业,大多是根据企业加权平均资金成本(WACC)来确定折现率,$WACC = R_d \times (1-T) \times D/(D+E) + Re \times E/(D+E)$,既考虑企业债权期望报酬利率($R_d$),也考虑股权期望报酬率(Re),以及企业的真实资本结构(公式中的 D 代表债权价值、E 代表股权价值、T 代表所得税税率)。其中,债权期望报酬利率(R_d),会结合企业债务实际利率以及银行同业拆借LPR 利率,综合考虑。股权期望报酬率(Re),运用资本资产定价模型(CAPM)表示为,$R_e = R_f + \beta \times (R_m - R_f) + \varepsilon$,计算较为复杂,大致拆解为,无风险利率 R_f 和市场系统性风险补偿利率($R_m - R_f$)以及企业个体差异风险补偿利率,三个部分。其中无风险利率 R_f通常以超长期国债利率为依据,股市系统性风险补偿是指股市整体风险,残值 ε 是为了学术表达严谨性,为企业个体差异而要求的风险补偿。了解折现率计算公式,更主要还是为了聚焦思考重点:折现率与什么相关,主要影响因子有哪些?

价值理论

　　价值投资理论的发展,先后经历了发现存量价值、发现成长价值、创新创造价值的三个主要阶段。价值投资理论,诞生于美国经济大萧条时期,是经历股灾之后在沉痛反思中产生的,由于当时经济危机和混乱无序的市场结构,常出现股价低于账面价值的情况,投资者通过关注财务报表,计算企业静态的清算价值,就可以发现股价严重低于清算价值的好标的。本杰明·格雷厄姆提倡"捡烟蒂"价值投资法,购买打折企业,由此在投资界树立了"买股票就是买企业一部分"的核心理念,开创了价值投资理论先河。随着经济复苏,显而易见便宜的公司已经很少,寻找烟蒂型公司的价值投资策略不再好用,此后,费雪开创了成长股投资策略,将"安全边际"从着眼于过去,推进至面向未来,为找到未来成长的奥秘,价值投资大家巴菲特提出"护城河"概念,追求购买市场地位中隐含了成长惯性的公司,特别是具有垄断特征的公司,挖掘无形资产,关注品牌、企业文化和管理层能力,发现并长期持有未来优秀企业。再后,随着信息时代来临,数据成为新的生产要素,各创新要素结合在一起,帮助企业实现更高维度的能量跃迁,可以卖虚拟商品,价值投资内涵和外延都发生重大变化,非实物资产的价值比重,越来越高,价值投资很难仅通过财务报表就找到投资机会,研究企业无法仅停留在资产价值、账面价值这一层面,新经济企业的估值方法与传统企业完全不同。新变量成为价值投资演化的核心。

当代企业竞争,连护城河都是动态的。创意重构、颠覆创新,已成为最主要的生产力驱动因素,可能会对原有护城河,或者说是竞争壁垒,产生降维打击。当垄断企业终于把同行的竞争对手全部击败,垄断企业还在思考如何加强垄断地位时,会发现其他领域的竞争对手又出现了,从行业外来的颠覆者,创造出区别于现有主流市场的全新产品,又打败了自己。任何商业领域,都无法预知其他领域跨界带来的竞争。在未来商业逻辑中,再也不能用企业竞争壁垒的高低,或者说是护城河的深浅,来理解竞争格局,必须从更大的框架、更广的视角去理解价值创造,从博弈变成共生,持续不断地为客户创造价值,始终围绕新的发展方向、新的演进趋势来布局未来,不断创新,疯狂创造长期价值,寻找新的增长曲线,动态打造企业的护城河。动态护城河,才是终极且唯一的护城河。

研究创新驱动,已成为当代价值投资者必备基本功。创新驱动和竞争壁垒,犹如企业发展中的矛和盾。行业竞争,大多强者恒强,拥有盾的企业,虽然愿意持续创新,改进产品或服务,抵挡竞争者进攻,但在行业内存在既得利益,自身没有动力作出颠覆性改变,故行业竞争格局往往是从外部打破而被重构的。克里斯坦森称之为创新者的窘境,并将创新定义为两种,改良式创新和颠覆式创新。前者是根据客户反馈,不断完善和改进现有产品,通过精耕细作满足更为挑剔的需求,后者是追求根本性改变,打破原来的技术或商业路径,创造出此前从未有过的全新产品或服务,重塑产业,为社会创造价值。行业变革无法阻挡,盾总有防不住的时候,摒弃不可持续的垄断地位,不断颠覆自身,持续打造企业的矛,重塑产业,持续为社会创造价值,才是价值投资最为核心的格局观。

经典价值投资理论,依然适用于传统商品生产企业。随着时代的变迁,技术日新月异,价值投资理论尽管也在与时俱进,发生着深刻变化,但并非所有的行业都容易发生创新,那些不容易被改变的行业,经典的价值投资理论,依然可以很好地指导投资实践。越是传统行业,创新发生的难度越大,差异化、垄断、好的企业文化等,仍是企业维持未来持续增长的主要保障。即便是早期的"捡烟蒂"式的价值投资,在经济萧条期,仍可能找到显而易见的投资机会,该价值理论并未完全过时。越是基础的方法,越是基本面研究最幸福而简单的时期,越是不应忘了价值投资理念的本源,"买股票就是买企业的一部分"。只要赚钱具有科学性和确定性,就是理性的投资方法。

企业价值

上市企业全部价值＝交易价值＋清算价值＋主营价值＋创新价值。其中,交易价值,是企业作为交易性金融资产的价值,即便是一家清算价值为 0、净资产为负的企业,依然可能存在上市壳资源价值,存在作为借壳上市工具的价值,不同政策环境之下,交易价值的弹性会较大。清算价值,即指企业变卖全部资产后的剩余价值;主营价值,是指企业当下主营业务,依据未来可持续经营期间,所做的资本化处理;创新价值,是指企业已打好技术基础且具备社会价值潜质,但尚未产生经营获利的资产价值。无论好企业、坏企业,新经济企业还是传统企业,都可能存在不同的价值,需要分门别类,按不同的估值理论分别计量。上述价值拆解的目的,是了解企业价值的来源,在传统的估值理论无法适用时,还能对企业价值有合理的估计。价值的拆解逻辑,能使价值这项难以确定的事情,逐项变成合理的预测。

交易价值,本质是承载非上市企业愿望和寄托股民情绪的载体价值。既包括上市资格的壳价值,也包括社会财经流量溢出的情绪价值。以企业上市为例,在上市前和上市可交易后,企业基本面未发生任何变化,但企业价值会发生较大变化,上市增值的部分,一部分是主营或者创新价值的资本化所形成,另一部分是上市交易资格附加的壳价值。排队等候上市的企业,上市意愿越强烈,壳价值就越大。对于小市值公司,壳价值在市值中的占比高,特别是在鼓励并购重组时期,小市值公司被借壳概率高,其交易价值甚至可能超过清算价值和主营价值本身。中国 A 股历史上曾经出现过一段时间专门炒作 ST 股票的投资策略,在退市风险不高的情形下,ST 股组合投资策略反而存在明显超额收益,因为这些 ST 股票承载了场外非上市企业对上市的渴望,被需要,就会发生交换产生价值。当时还专门有人出书,介绍炒 ST 垃圾股的经验。此外,无论监管部门如何打击操纵行为,迄今仍常常出现妖股,究其原因,在社会财经信息流量溢出阶段,股民需要一个妖股的载体来寄托情绪,大众用资金投票选择出来的妖股,被临时附加极高的交易价值。用传统的价值估值理论,难以解释这一现象。交易价值是存在的,但又是流变的,它是价值的泡沫,但在泡沫未破之前,存在度还不低。

清算价值,是企业价值中最刚性的部分,是价值底盘刻度线,是可见价值。清算价值,为企业在极端情况下的资产价值提供参考,是潮水退去之后,没有裸泳企业的价值"底裤",是价值投资最为可靠的"安全边际"。尽管股市很少出现企业市值低于清算价值的情况,但在大萧条时期,受特定市场环境影响,悲观中偶尔也能捡到便宜货。特别是企业账面现金都高于市值的极端情况,现实中并非不会发生。特别需要注意的是,净资产并不代表清算价值,跌破净资产的股票在熊市常常出现,并不鲜见。清算价值的评估方法,通常包括对企业资产的逐项分析,考虑其流动性、市场需求、资产特性等,给予一定折价。除账面货币资金,以账面价值作为清算价值,较为简单之外,应收账款和其他应收款根据回收可能性打折,存货、固定资产、无形资产,需要根据资产特定用途和潜在买家支付意愿,来确定其清算价值,可能折价,也可能溢价。

主营价值,是企业主营业务在全生命周期内产生的净现金流折现。主营价值,是对现有赚钱业务模块的资本化,依据该业务可持续的年限,市场给予一个市盈率(PE),用当期净利润乘以市盈率,就是该业务模块经资本化后的价值。业务模块资本化,只不过是把未来价值和现值,做了跨时间的交换。对于主营业务稳定可持续的企业,可以将其理解为债券,假设债券市场利率为 5%,换算成 PE 就是 20,但有一个前提,主营业务经营寿命需长于 20 年。同时考虑到股权相对债权具有更高的风险,可以给予一定折价,在主营业务资本化时,市场给予当期合理利润 10—15 倍的市盈率,并不过分。特别是对未来现金流预期比较明确的业务资产,例如高速公路收费权、发电厂、自来水公司、风景区特许经营权等,主营价值的确定是比较明确的,是实实在在的价值,泡沫成分并不多。

创新价值,是新经济企业在尚未盈利前就已被市场所认可的价值。创新价值,是企业颠覆式创新研发全新的产品或服务,将极大地满足客户需求,但市场培育需要时间,且因早期投入较大,导致短期内不能盈利,无法用传统的估值理论去分析、评估的价值。在没有形成销售收入之前,企业经营财务数据缺失,但并不意味着企业没有价值,相反可能隐藏着巨大的市场价值。具有创新价值的企业,往往具有赢家通吃的特征,面对的是全社会的新需求,一旦穿越了死亡谷,其价值往往出现井喷式增长。创新价值,也有价值归零的时候，企业有可能在半路死亡。有的创新企业不能跑进行业前三名，导致客户对企业的产品或服务，并无需要，新需求已经由其他头部企业来满足，创新企业提供的产品或服务，将无人使用，不被需要，企业也走不出死亡谷。具有创新价值的企业，主要集中在互联网、创新药，以及其他以数据为主要生产要素的企业。创新企业的估值，目前没有成熟的估值理论，估值弹性大，往往是根据市场空间规模和行业地位、客户数量和客单价、颠覆对象市值比较等指标衡量。

商品价值

商品价值进行结构化拆解后，形成一个衡量商品价值的公式，商品价值＝功能价值＋金融价值＋情绪价值。在工业化大生产和信息差红利消失、经济增速放缓的市场环境下，商品的功能价值不再稀缺，你只要找到样品，就随时可以仿造一个功能相同的产品。一个产品如果只有功能价值，会出现无数竞品，利润非常微薄，最终只能走上拼性价比的发展道路。对大部分商品而言，金融资产价值是可遇不可求的，能具有金融资产属性的商品，有保值增值、存货涨价等特点。例如，艺术品、黄金首饰、茅台酒、限量球鞋等。商品的金融资产价值，会随着社会风尚的变迁而消逝，一旦不能保值增值，或者增值额低于其保藏成本，该商品的金融资产属性就可能会逐步消亡。除了功能价值、金融价值之外，客户还愿意对什么东西支付额外的价值，就是情绪价值。情绪价值使得商品和客户的关系更牢固,让产品的生命更长久,正在成为企业和消费者不得不承认的显性价值。在产能过剩时代,提升商品价值的关键,正从追求性价比的功能价值,转向打造情绪价值。企业如果要提升一件商品的价值,可以从功能价值、金融价值和情绪价值,分别寻求突破口。

功能价值,就是该商品给客户解决了什么问题。一般来说,提供的功能越复合,客户使用该商品,越便利和舒服,对客户的帮助越大,其功能价值就越大。智能手机,是人类迄今为止功能最为强大的商品,同时解决客户的通信需求、掌上办公和学习需求、拍照摄像需求、娱乐需求等,客户可以通过它联系外界、查信息和资料、记录和消遣等,功能非常强大,全人类越来越离不开智能手机。从经济学角度,需求量越大、供应量越小、供不应求的状态越持久,价值就越高,故提升功能价值,还是应从"人无我有""人有我优"等方面着手,让商品功能具备稀缺性和差异化。在信息泛滥的今天,客户获取信息量的成本很低,但筛选和过滤有用信息的成本很高,一般性的功能改良,不足以驱动客户优先选择,"十倍好的惊喜爆款",使得客户在使用商品过程中感受到惊喜,客户的爆爽点,反映了商品价值的关键环节,非常容易激活和留存客户。

金融价值,是该商品长期增值特性所产生的价值。具有金融价值的商品较少,大部分商品是不断降价的,这类商品通常不具有金融价值。反之,能不断涨价的商品,如果涨价额大于储藏成本,通常该商品就初步具备金融价值,收藏需求会扩大该商品的真实需求,产生商品溢价。如果该商品为广大人群所需要,且价格被广泛认知,具有社交属性,就具备明显的金融价值。更为广义的商品的金融价值,包括具有期货交易功能的大宗物资或紧俏物资。因升值收藏或者作为金融工具的利用,加大对该商品的需求,造成供不应求而形成的商品溢价,称为商品的金融价值。商品要有金融价值,就必须具有通用且易贮藏的特点。提升其金融价值,无非在供给上限量,在需求上扩大,用途向金融领域外溢,造成商品的供不应求。

情绪价值,是客户对某品牌商品的认同和向往而愿意额外支付的价值。客户更愿意把钱花在令自己开心的地方,更愿意购买更具魅力的商品,让自我情绪获得稳定的满足。所以在供给产能过剩的年代,在差异化实现困难的情况下,商业玩家的创新方向,更多地从性价比创新,转向情绪价值创新,关注和研究客户对品牌商品情感认同的来源,再把情绪资源注入商品中,让商品变得更有魅力。人类情绪虽是复杂的,但最普遍、最基本的三种情绪感受是安全感、新鲜感和价值感,为商品注入情感,先要让这些基本感受得到满足。客户情绪需求,本质都是对心理健康的需求。心理学家弗洛伊德将人类心理构念成三种人格结构,本我、自我和超我。本我,受原始本能欲望支配,追求及时满足和避免痛苦,不考虑现实制约;超我,受道德约束,导致自我牺牲;自我,是在本我的冲动以及超我的要求之间的平衡,既满足本我的冲动,同时也考虑现实环境限制和道德规范的约束。人类所有情绪问题,或者说是心理健康问题,都是源于本我与超我之间的拉扯冲突,自我则需要协调这种冲突,以保持个体的心理平衡。客户情绪需求,主要分两大类,坏的情绪需要被消解,好的情绪需要被调动或感染。对于供给商品的企业而言,提升商品的情绪价值,就是要替客户确认、表达和宣泄化解已有的情绪，帮助客户安全、道德地把坏情绪宣泄掉，理解并顺应其动机，给出替代宣泄的解决方案，帮助化解情绪，或者为客户提供期待的情绪，从正面提供情绪资源，增加客户积极感受。除此之外，提升商品情绪价值，还要依靠长期形成的美誉品牌，提供稳定的预期。企业过去做过的事情，在客户心中的印象，好与坏，大家会记得，品牌积累的美誉，让客户更容易、更乐于交换商品的情绪价值。

复利价值

关注价值增长同时，更应关注价值增长方式是以单利还是复利进行。企业拥有以复利增长的资产或业务，本身也是一种不易觉察但又无比重要的价值。我将企业经营或投资策略为复利增长方式的特性所带来的价值，称为复利价值。复利价值在长期价值投资过程中，会起到无比重要的作用。判断增长是以复利还是单利进行，主要是看当期增长成果能否成为下期增长的基数。如果当期增长成果，对下期增长帮助不大，就是单利增长方式。专注也好，长期主义也好，其本质逻辑都是要追求复利方式的进步，价值要以指数级增长。但人的大脑，天生就不善于按指数规律思考，很多人无法理解指数函数。不愿意将当下的每一分努力，变成未来的价值基石，喜欢频繁丢弃原有积累而更换努力方向。理解复利的力量，是理解很多事情的关键，会深刻影响企业发展观和个人投资观。例如，频繁交易，会毁灭价值，所得税、交易佣金以及其他法定交易摩擦成本等,都可能形成价值漏洞。纳税投资者,在回报利率相同的情况下,进行内部复利的某一投资中所获收益,将远远超过从以相同利率进行系列投资中所获收益。当我们能够意识到复利价值的力量,很多选择会发生变化。

复利价值,短期不易觉察,长期很神奇,复利奇迹是靠时间完成的。时间是复利的盟友。在复利的数学公式中,本金初始值和收益率还只是乘数,而时间是指数,这意味着,时间周期越久,复利效应越明显,价值越大。复利价值短期差别不大,3年后开始有别,5年后有明显差异,10年后天壤之别。为加深印象,举一个简单的数学计算例子。每年增长翻倍,第2年后,2+2,和2×2,计算结果是差不多的,但第3年后,2+2+2,同2×2×2,结果开始有差异,一个是6,一个是8;第5年后,2+2+2+2+2=10,而2×2×2×2×2=32,结果10和32的差异明显;第10年后,结果一个是2加10次,为20,一个是$2^{10}=1024$,结果就差异巨大,前者都不到后者的零头。这个无情的简易算术规则,既能隐喻复利相对于单利增长的差异,也能直观感受复利在时间上进化的神奇力量。投资的好处是,钱生钱,复利的特征是,利滚利。投资创造财富的关键是,投资复利。而要实现复利投资,首先是要发现具有复利特性的资产,其次是保持耐心。从金融投资角度,具有复利增长特性的资产主要有共性技术、网络资源和美誉品牌等;从人生成长角度,智力资本和社会资源也会产生复利,投资于自己的认知、人际关系,也会带来巨大复利,有助于实现人生奋斗目标。

共性技术,具有复利增长的特性。共性技术,是指技术研发成果可共享,在多个行业或者领域有着广泛应用的技术。通常具有很强的外部性和广泛用途,并对多个行业产生深刻影响。共性技术通常可分为战略性、基础性和关键性共性技术。其中,战略共性技术,是指具有广泛应用前景但尚处于竞争前阶段的技术领域,例如人工智能技术、超材料技术、合成生物技术等;基础共性技术,是指为某一领域技术发展做支撑的技术,包括工业母机、基础软件、检测、标准、计量等技术;关键共性技术,是指关系到某一行业技术发展或升级,对行业形成瓶颈制约作用的技术,容易被竞争对手"卡脖子",影响产业升级迭代的技术,例如高端芯片光刻技术等。共性技术的复利价值体现在研发投入的产出成果可以广泛循环利用,随着应用时间的延长,其价值呈现指数级增长。

网络资源,具有复利增长的特性。网络具有自我增强特性,随着网络规模的扩大和用户参与度的提高,网络的价值和潜力也会增长。网络资源的复利,体现在通过增强回路,一件事情的成果,能够反过来增强其成因,从而实现业务的持续增长。这种增长模式在多个商业领域有体现,例如电商、内容创作、社交等,卖家与买家,创作者与观赏者,点对点,通过网络平台进行双边互动,内容或服务能够在不断地积累和扩展中,实现价值的指数级增长。除了商业领域,社会人际网络也是具有复利价值的重要资源,与志同道合的人建立牢固关系,社会关系网络构建衍生的思想交换,将会出现复利式巨大交换增量,成为人生巨大财富。

美誉品牌,具有复利增长的特性。品牌记忆是非常强大的,特别是具有极高美誉度的品牌,很难令人想起另一个最为接近的竞争对手,甚至在客户心中,就没有竞争者,这些企业往往对客户和供应商都有着很强的议价能力,以及可以利用他人的资金营运企业的能力。品牌如果就是产品类别的代名词,产品通常享有溢价,具有定价权,提高售价也不影响市场份额或者销售数量。企业如果通过持续提升价格就能极大提升利润,就隐藏着一种未来尚未利用的复利增长价值。如果这样的企业很长时间没有提价,导致产品对客户来说定价过低,不动脑筋就知道这样的企业,是一家好企业。选择具有美誉品牌的企业进行投资,是成长股投资模式中非常重要的一种子模式。

价值评估

价值评估方法多样,但都有适用场景和局限性。常见的价值评估方法主要有市场比较法、专家评估法、重置成本法、市盈率法(PE)、市净率法(PB)、市销率法(PS)、未来收益折现法(DCF)、PEG 估值法、企业价值倍数估值法(EV/EBITDA)、期权定价法等,在实际应用中应根据不同情况,结合各种方法优点,进行综合评估。市场比较法和专家评估法,适用于创新价值的评估,通过比较类似资产的市场价格,或从两端缩小可比资产的价格边界,来推理价值,或依据行业专家经验来判断边界,确定价值,是定性和定量结合的分析法。重置成本法,可用于交易价值和清算价值的辅助评估。PE 估值法,是采用股价相对于市盈率的比值来衡量估值高低的方法,可用于行业比较和历史比较,判断当前估值是否合理,特点是简单易懂,缺点是盈利波动大会对市盈率产生误导,且未盈利企业,市盈率无法使用。PB 和 PS 估值法,是采用股价分别相对于净资产、销售收入的比值来衡量估值的方法,可应用于未盈利企业,其中 PB 估值法相对适用于银行、保险、房地产等企业,PS 估值法更适用于只有收入但尚未盈利的高科技企业。DCF 估值法,也称未来自由现金流折现法,是在理论上最科学的估值方法,但该方法的局限在于,对未来自由现金流的估计,在实务中通常是不准确的,而且,DCF 分析的关键,还在于选择合适的折现率。PEG 估值法,是将市盈率 PE 与盈利增长率 G 相对比的估值法,该评估方法被传奇基金经理彼得·林奇在其著作中所推广,主要用作评估成长股股票估值合理性的简易工具,PEG 小于 1 代表低估,大于 1 则表示高估,可帮助快速识别市盈率低但增长潜力较高的股票,缺点是未考虑债务水平、资本结构和营运效率的影响。EV/EBITDA 估值法,也称企业价值倍数估值法,其中 EV = 市值 + 总负债 − 现金,EBITDA = 净利润 + 利息 + 税收 + 折旧 + 摊销,计算比较复杂,但该方法的优点是,排除了不同企业资本结构、税收差异、折旧和摊销等非营运因素的影响,当分析比较不同国家、不同企业的营运绩效时,会相对比较公平。该方法在跨国并购比较,以及评估稳定成长的大型消费公司的投资价值时,较为适用,但不适用于周期性行业或有大量非经常性损益的企业。

　　估值模型,可作为发现市场机会和理解企业价值的工具。估值理论,与实务是存在巨大差异的,在投资实践中,估值是不可能完全相信的,不能单独作为决策依据。各类估值方法,仅仅是为了使对企业内在价值量化的逻辑更为合理,但未来真相不可能完全掌握,虽然我们可以借助内行人士的力量,在一定范围内建立起能力圈,成为半个内行,但也很难接近事实真相。之所以要估值,是因为我们需要一个起码的标尺，来对市场价格偏离企业价值的异象进行标注，再从中审视市场为何会出现股价偏离估值的异常，是不是存在我们尚未理解的企业价值未被发现，或者我们以为存在的企业价值的逻辑已变，趋向于归零，而我们尚未发现价值陷阱。在运用估值方法时，要分清主次，不要刻舟求剑，不能生搬硬套，把它当作发现市场机会线索的工具，从异常中再深度解读市场的思考和预期，分析估值低和估值高的原因，当在赔率和概率分布上有机会优势，值得我们花费时间时，我们才开始深入企业内核，了解关键指标，再选择合理的估值方法，进行具体的价值估算。再次强调，企业内在价值，是便于理解价值而虚构的概念，企业价值，从来都不是从内而外的划定，而是由外而内的探寻。

估值体系，在向国际看齐的同时，也应考虑国情有别。股市诞生于欧洲，理论发展于美国，现行估值理论和方法，大都是发源于美国。国际估值体系，实际上是美国的估值体系。股市的主要功能，在国家层面是优化资源配置，在企业层面是接受资本支持，在个人层面是二次分配财富。股市整个估值体系的构建和传导机制是，国家引导、企业响应、个人参与投票，无论国家、企业、个人的行为，均受到国际估值体系的影响和约束，估值体系自然受到向国际看齐的力量牵引。但各个国家有着不同的产业结构和侧重，有着不同的发展阶段，以及不同的资源配置的导向标准。在国外的夕阳产业，转移至其他国家后，可能是朝阳产业。企业发展和价值交换，都是建立在比较优势上的，简单地跟随他国估值标准进行投资决策，逻辑上并不严谨。国家政策导向，包含着国家意志的强大力量，它决定资本以多大规模和兴趣向哪些产业进行转移，估值体系,肯定也会受到资源配置导向的影响。此外,投资者结构的不同也是一个因素,个人投资者占主导的市场,更可能是个博弈市场,交易价值在企业价值中的占比可能较高。即便同一企业,在不同股票市场,仍可能长期存在估值差异,这种长期存在的差异,并不完全是市场的失灵,而是估值体系不同的结果。中国 A 股市场已经提出了中国特色社会主义估值体系的概念,有了建立估值体系的思想萌芽,但仍需等待估值理论的突破,需要获得更多的共识。

价值陷阱

低市盈率代表低估值,是价值投资中极易被忽视的圈套。低市盈率就是价值低估,是对价值的教条理解。尽管低市盈率有可能是价值低估的信号,但最多只能作为价值低估的必要条件,而非充分条件。企业价值,要放在企业的全生命周期的时间框架内来研究,当用更大的格局看更远的全生命周期的价值,就需要以动态的视角来看待估值问题,不仅要看当前的估值,更为重要的是还要看未来的表现。静态看低估值而机械地长期持有,极易陷入价值陷阱。如果一家企业所处的行业具备赢家通吃的特点,或者已处于寡头垄断格局,那么估值的合理性,就很难用当下的市盈率或当下业绩来作判断。如果一家企业的技术或者领先优势面临颠覆式创新的挑战和破坏,那么它的估值可能随时会崩溃。分析投资标的,应该重视估值的重要性,但相较于生意模式、企业文化、竞争壁垒、管理团队等方面,估值的高低要放在后面来判断。投资决策可以借鉴模型背后的基本精神，但不能套用模型和依靠假设去做投资。教条的价值投资者，相比于投机者，可能更容易掉入价值陷阱，而且更容易错过投资机会，最后甚至认为"价值投资不适用"。

价值陷阱的本质，是未来收益的不可持续。受传统价值投资理论影响，价值投资者很容易就教条地认为，只有投资"高增长"或"低市盈率"的股票才能获得高收益，用当下高增长导致出现低市盈率的现状去展望未来，但高增长通常不具有持续性，一旦高增长的势头减缓，股价结果往往是灾难性的，投资高增长型股票而获得成功，在实践中实际是非常困难的。首先，市场环境在变，行业快速从"蓝海"到"红海"是普遍现象，竞争趋热，企业在未来的生存环境未必如当下，未来收益不可持续。其次，快速高增长并不都是良性的，有的高增长会创造价值，有的高增长则是毁灭价值，短期快速增长带来的低估值，不代表未来也能够长期不断地创造价值。最后，当下股票的低估值，并不是价值投资回报的持续来源，只有企业未来持续创造的价值，才是价值的持续来源。当下的高增长，以及当下的低市盈率，都不是判断价值的核心，反而可能是误导投资者掉入价值陷阱的错误路牌。分析高增长的来源，研究高增长的可持续性，才是判断价值的重点。从企业增长来源角度，主要有四种增长方式，销量增加、售价提高、新品投放、收购并表，前两种通常是健康的增长，表示企业比竞争对手可能做得更好，市场在扩大；新品投放带来的增长，需要后续观察；从历史经验来看，很多并购并没有为股东创造真正的利益，收购并表带来的快速增长，更多只是财务数字游戏，对通过收购带来的高增长要保持高度警觉，深入研究其后续增长的可持续性，避免掉入价值陷阱。

周期股的高增长低市盈率，容易形成价值陷阱。高增长低市盈率的股票，按照 PEG 估值模型，一般会得出价值低估的判断，但对于周期股而言，这种简单判断通常可能构成价值陷阱。周期股的高增长并导致低市盈率，往往是业绩增长动能即将盛极而衰的信号，结合市场的反馈，如果周期股的市盈率很低但股价不涨或走低，更应利用好"市场先生"的反馈，提醒自己，在哪些方面出现了新的不可知因素，而不能教条地认为跌了就是"市场先生"不成熟。特别是周期股的市盈率跌至 8 以下甚至更低时，我们容易误认为股价不贵，而选择继续长期持有该股，殊不知，周期股的低市盈率区间，往往是股价的长期高位区，是价值陷阱。价值投资者在考虑投资高增长低市盈率的股票时，应深入分析行业趋势、宏观环境，以及股票的历史表现和估值水平，保持谨慎，避免在周期股的盈利高峰期被吸引，错把周期性行业的短期繁荣误认为是长期的成长趋势，而忽视了长期风险。即便要投资周期股，也应当在其困境反转时，而不是业绩表现优异时。周期股的股价低位区，或者说是可投资区间，反而往往是业绩持续亏损的尾声期，或者说是行业的低谷期，但那时周期股的市盈率反而处于历史高位。

成长股的高增长高市盈率，也容易形成价值陷阱。按照 PEG 估值模型，通常认为高增长股票可以给予高的市盈率，高增长可以逐年消化高市盈率的估值压力。但短期的快速成长，并不代表长期能够不断创造价值。首先，有时候，高增长的欲望，往往是损害企业长期利益的根源。有些业绩的高增长，不是顺应环境的变化，而是为了提升股价，或者是管理团队为了更高的薪酬或更长的任期，从而透支了企业的增长潜力。当企业只追求增长，而不追求差异化时，也会带来负面效应，会分心，掉入品牌延伸的陷阱，失去聚焦，产品实施差异化就会越困难。其次，有些成长股，并没有竞争壁垒或者护城河，只是行业处于风口，企业利润的增长和这家企业竞争力并没有直接关系，只是所处行业受到当时经济发展周期和环境影响。高增长的行业，每个人都想进入，那些高增长但又容易进入的行业，是一个可怕的领域，在非常短的时间内，就容易供给过剩，增长势头减缓或者停滞，高成长性一旦不可持续，无法支持高市盈率，股价将出现大幅下跌。最后，持续高增长是极少的，10年增长10倍股，现实中并不容易找到。"只有投资高增长的企业，才能获得高收益"，其实是一个神话，不是现实。

如何才能避开价值陷阱？首先，不能教条、机械地理解价值投资，不应该套用任何现成的经典理论和方法。学习价值投资经典理论，要了解当时所处的市场环境，重点学习从假设到结论的推导过程、逻辑推演的分析框架，理解该理论的精髓所在。现实中，没有完全符合教科书的价值投资环境，在新的环境、新的时代中，一定存在新的变量，会打破原有的投资理念。所以要用发展的眼光思考企业的成长，在原有分析框架的基础上，考虑新的变量，特别是在新技术条件下，企业组织、生意模式、社会环境发生的新变化，要从更高维度理解股票为什么是低估的，来发现长期被低估的股票。其次，要借助"市场先生"的反馈，提醒自己有哪些因素未考虑周全。尽管经典价值投资理论认为"市场先生"不靠谱，偏离内在价值，不应作为价值投资决策的依据，但市场的有效性，也是在变化之中，市场不可能在任何时间都是无效的，而且通常大部分时间，市场还是有效的。借助"市场先生"的视角，去提示自己思考，有助于发现是否掉入了价值陷阱。最后，避开价值陷阱要时刻保持理性，慢思考。价值投资是依靠基本面分析，但构成基本面的信息，存在有毒信息或信息过载问题，需要筛选和鉴别，对信息的重要性排序，赋予信息不同的权重，来识别投资机会的优先级，始终对不确定性保持理性的谦卑，要始终防范本金永久性损失的风险。

价值发现

市场尽管并不是完全有效，仍可作为价值发现的工具。依据有效市场假设，市场价格已经反映了所有可获得的信息，因此投资者无法通过历史价格或已知信息来获得超额收益，市场价格就是当时的价值。但现实是，市场并不会总是有效的，可能会因参与者的非理性行为、流动性变化问题或信息不对称，而出现异常。投资者的非理性行为，如羊群效应、过度自信、损失厌恶等，可能导致价格偏离价值，而部分交易者对市场微观结构（交易信息、交易规则、参与者行为等）更加了解和掌握，更熟悉这些行为模式，从而拥有了更多优势。流动性变化，会导致市场波动性提高，价格可能会频繁地偏离价值或极大地偏离价值。流动性出现重大变化，就为投资者提供了更多的机会。信息不对称，包括信息披露不对称，以及信息解读不对称。重大事件可能迅速驱动股价以反映新信息对价值的影响。信息披露不对称，让少部分知情者拥有的信息优势不合法。信息解读的不对称，是专业理性投资者与业余投资者最大的区别。信息公开披露后，不同的投资者解读信息的能力不相同，某些更专业的投资者会抓住关键信息,更有效地解读出信息中隐藏的、未来才会出现的新信息,挖掘出企业隐藏价值,主要包括未被充分利用的能力或未被认识到的潜力或者未被认识到的风险。了解市场异常的来源和机理,及时识别出市场异常,更迅速发现价格对于价值的偏离程度,可以作为获取超额收益的机会。

　　未被充分利用的能力,隐藏着重要价值,应作为价值发现的研究重点。有几种比较典型的未被充分利用的能力,主要包括美誉品牌尚未开发的定价能力、网络平台享有的数据管理和分析能力,以及企业科技创新的能力。定价能力,是指商品提价超过通货膨胀,且不影响销量和市场份额的能力,换句话说,就是企业仅仅通过对商品提价就可抵御通货膨胀的能力。杰出的定价能力,能够持续提价。如果某家具备持续提价能力的企业,由于某种原因很长时间没有提价,从而导致商品对客户来说价值低估,这种被抑制尚未充分利用的定价能力,在未来某个时间会以价格上涨的方式释放出价值。发现定价低估,是发现价值的一个重要来源。在信息时代,数据已经成为重要的生产要素,但这种要素在财务处理上尚未考虑。企业在经营过程中拥有数据,但很多企业暂时并未能有效地利用和挖掘数据的价值。未被充分利用的数据资源,规模越来越大,或许将在未来释放巨大价值。企业科技创新的投入,作为费用会消耗当期利润,但一旦科技成果转化接近临界点,攻克了关键核心技术,前期科技成果将在未来一段时间内持续释放出巨大价值。

　　未被认识到的潜力,是价值发现的重要来源。企业未被认识到的潜力,可以从以下三个方面去挖掘:被忽视的市场潜力、可复制的经营和管理潜力、优异企业文化引领的人力资源潜力。商品的市场潜力认识，容易局限于已知的应用场景，其市场潜力未能被充分认识到。例如，云南白药，最早只是用于止血，后来延伸其核心功效至牙膏，进入日常生活用品领域，让企业价值得以快速提升；英伟达，最早 GPU 图形处理器主要应用于游戏市场，加速计算提升，后来核心技术演变成对并行计算的应用，成为提升算力的关键。此外市场的地域限制可能被打破，从区域市场拓展至全国市场，甚至全球市场，其市场规模潜力容易被忽视。核心产品的地域拓展和功能延伸，一旦突破，也会产生巨大价值。可复制的经营和管理能力，本质是将企业对业务的经营管理能力进行商品化。将该类业务模型，进行标准化提炼和流程化梳理，通过数字化手段管控信息流，实现程序化管人，弱化人管人，共享管理能力。具备这种经营管理能力的企业，企业价值容易产生 10 倍甚至百倍的提升。连锁经营，就是经营管理能力商品化的早期雏形，让经营管理能力可为更多加盟者所共享。优异企业文化引领的人力资源潜力，是提升企业可持续性经营，延长企业生命周期的有力保障，会产生巨大的时间价值。企业生存环境和客户需求都在变，没有优异企业文化引领，企业会由一群追求短期利益的人员组成，难以应对变化。哪怕企业短期目标完成得非常出色，在未来也难以持续。如果企业的人力资源，都是浸泡在优异的企业文化之中，并能渗透至基层，那么，全体员工为了追求客户满意度而做出的努力，在未来会在更长时间内为企业释放出价值。

发现价值的线索如何寻找？发现价值，一是通过价格变化，发现企业暂时低估的临时价值，二是通过挖掘长期竞争优势，发现企业能够持续创造的长期价值。前者通过挖掘尚未体现在公开披露信息上的涨价信息,推测价格对企业盈余变化的影响,先人一步,发现企业经营情况的变化趋势。价格变化的预判,又可以通过行业内的需求现状,结合行业的产能周期、库存周期的变化,来推测行业内的供求变化、供求关系失衡,进而推测价格的变化,以及产业链上的价格传导,预判尚未披露的经营业绩,发现尚未被充分认识到的价值。后者需要发现具有长期竞争优势的企业。持续的竞争优势,终会形成供给上的垄断地位,在需求不变或仍增长的情况下,供不应求将处于常态,凭借商品提价或销售额增加,自然容易比竞争对手赚取更多利润。尽管两种发现价值线索的思路不同,都可能为投资者带来超额收益,但第一种方式着眼于短期,当信息公开披露后,信息差很快会消失,挖掘的临时价值,也会较快消失,第二种方式着眼于长期,挖掘出的竞争优势通常具有稳定性,未来价值巨大,但价值显现时点具有不确定性,需要耐心。价值投机者通常使用第一种方法发现价值,而长期价值投资者更喜欢第二种方法。

价值创造

价值创造,不同于价值发现,是价值投资理念在新阶段的进化。价值发现,着眼的是静态护城河,价值创造,关注的是动态护城河。产生于 20 世纪的经典价值投资理论目前已经被广泛使用,投资者之间在发现价值上的认知差在逐渐缩小。21 世纪,随着科技快速发展,股市基础设施越来越完善,市场效率在不断提升,信息差消失速度越来越快,价值发现和市场估值落差在不断缩小,传统价值投资者很难找到被严重低估的投资标的。现代经济技术和产业快速变化,技术迭代和颠覆式创新的发生愈发频繁,价值增长曲线越来越陡峭,创新已经产生溢价,形成了理解价值投资的新角度。创新价值已成为企业价值中弹性最大的部分,无法准确理解创新价值,就无法准确预判企业价值。而且,诞生于 21 世纪的新经济创新企业,其估值方法与传统企业完全不同,哪怕是巨额亏损且没有收入现金流的企业,只要显著创造价值,都可能有高的估值。在新时代,要发现新的极佳投资机会,就要理解驱动价值创造的核心要素和关键爆发点。

价值创造的核心,是从无到有,提供全新的方案或体验。要驱动价值创造,需要由重视价值创造的企业家来引领。该企业家一定是意志坚定的长期主义者,具备为社会持续创造价值的勇气,不在意一时的得失和价格波动,拥有极强的共赢格局观,为重塑产业,勇于参与行业变革机会,不断颠覆自身。重大价值创造的基本特征,是"无中生有",开创行业先河,或者重新定义行业,为行业带来革命性的变化,提供全新方案或体验,全新打造行业的"唯一",不是争做行业的"第一",是从外打破行业的壁垒,而不是从内巩固不可持续的垄断地位。

价值创造爆发点,通常是性能提升或成本下降的突变,出现"十倍好"。"十倍好"是描述颠覆式创新中一个模糊的表达,指某项创新对社会产生的积极影响远超预期,可能意味着商品或服务的性能或者降本增效,比之前提升非常多。"十倍好",是全新的颠覆,是客户的惊喜,是颠覆式创新发生的标志,远超渐进式的改变。爆发点出现,是特定条件下,创新活动突然进入指数增长曲线的陡峭区,需求呈现出快速增长和广泛扩散的现象。爆发可能由多种因素共同作用引发,包括政策补贴支持、关键技术突破、降本导致需求爆发等。如果能敏锐地在早期阶段及时觉察"十倍好"现象的发生,将可能捕捉到绝佳的投资机会。例如,光伏产业、电动汽车产业,在2020年左右进入价值创造的爆发点,此后,产业链上的多家龙头公司,在此后的1年多时间内,多数出现过股价快速增长约"10倍"的现象。在发展空间较大的新型行业,价值新概念提出后,往往股价先爆炒一波预期,但其完美功效的实现,需要探索的过程较久,暂时低下的性价比会让市场回归冷静,新鲜感过后,股价表现往往一地鸡毛或一蹶不振。若干年后,当出现性能提升或成本下降的"十倍好"现象,总有企业会超越死亡谷,其产品迅速渗透至更广阔市场,一旦临近或进入价值创造爆发点,就会出现绝佳投资机会。

价值创造的终极标准,是社会价值,要有利于社会的繁荣。这种理念,意味着创造价值的企业,需要超越传统的利润最大化模式。高质量的价值创造,应在企业的核心业务中,寻找创新方法来解决社会问题,创造经济和社会的双重价值,不仅仅是财务上体现的经济价值,更要包括社会福祉等社会价值。首先,创造的价值,要为社会所用,与社会共享,价值交换才能广泛且长久地发生,只有坚持创造社会价值的标准,时间和社会给予的奖励往往才是巨大的。单纯只有经济价值,没有社会价值的供给,往往利己更多,利他较少,价值覆盖受益的范围相对窄,或者只是满足短暂需求,价值交换的可持续性差。例如，高利贷行业，短期可能有巨大利益，但长期不利于社会繁荣。其次，社会价值，是对经济价值的道德要求，道德标准高的价值，时间和社会给予的奖励，往往才是持续的。尽管创造社会价值的企业，先期承担很多公益责任，可能影响到短期经济利益，但这种做法，更容易建立与客户的信任，在长期可以转化为市场份额和品牌忠诚度，有利于品牌建设和业务拓展，带来更稳定的增长和更广泛的社会支持，通常企业更长寿。最后，社会价值大的企业，在资本市场是有溢价的。越来越多的投资者将 ESG（环境、社会和治理）纳入投资决策中，ESG 报告已成为衡量企业可持续发展的最为重要的指标之一，因为这些因素可以影响企业的长期成功和风险状况。

学习

第八章

自我投资

通过学习进行自我投资,是最重要且收益最好的投资。投资,至少需要投入时间、学习和金钱这三要素,才可能修得正果,学习又是其中最为重要的。当学习能应用复利思维,持之以恒地专注,沿着时间轴向正确的方向行动时,学习的成果就会像复利一样,以指数级增长,转化成投资回报。时间是生命的终极货币,对于每个人都是公平的,无论有多少钱,都买不到更多的时间。时间对每个人来说都极度稀缺,把时间消耗在哪里,在那里产生的价值,就是每个人单位时间的回报。如果大量时间花在日常通勤上,花在家务琐事上,腾不出时间进行自我投资,学习一些新的东西来提升自己,时间的消耗就过于浪费。起初我认为上班打车快速通勤、家务琐事外包,是浪费钱,过于奢侈,但如果把节省的时间进行自我投资,用来阅读学习,从长远来看,这些是非常值得的。花时间阅读一本好书,花一小时深入了解一个重要的原则,拥有一个正确的想法,未来能够获得的回报,与你自己一生中可产生净现值折算成以小时为单位的价值相比,后者是微不足道的。如果花几天时间,就能了解一位先贤的毕生心血,通过一本价值几十块钱的书,获得了价值千万的答案,这种资产在未来可能价值百万、千万,甚至过亿,是最被低估的资产,也是最有可能产生万倍回报的资产。最好的投资,就是把时间投资到自我提升和发展上。

自我学习、迭代、完善是自我投资的主要形式。正规教育引导我们去哪个行业谋生,但自我学习,才能教会我们如何财务自由。任何领域,最有才干并取得卓越成绩的人,通常都是自学成才的。一个好的老师指导,尽快引进门,会减少很多试错成本,但成功者更会从书籍、经验、他人等众多资源中,构建自己的认知体系,可以在内心与逝去的任何先贤对话,拥有这种开放式的自学习惯,生活中的一切都可以成为自己的老师。自我学习者向生活中的一切学习,吸收知识的养分,吸取经验和教训。自我迭代,是从吸收的众多经验和教训中,剔除被证伪的东西,消除我们认知中错误的东西,确保自己在正确的方向上持续叠加有用的知识,并打通有效知识的互联互通,实现思想的复利增长。自我完善,是自我投资的最终成果。大多数人终其一生并没有变得更聪明,但如果你个人持续在自我学习、自我迭代、寻找智慧,还是可以相对变得更为睿智。反映在股市投资中,如果通过学习能够归纳总结出一套有效的办法,知道哪些企业的生意是"赚钱机器",并坚持把有限的资金持续投资在赚钱机器上,最终投资成功就是必然的。当然要鉴别哪些是赚钱机器,首先自己就要变成一台"学习机器",在学习上付出大量的努力、专注和耐心。

阅读好书,就是最好的学习方法。在一个信息极度丰富的年代,信息和知识获取很容易,但也会消耗接收者的注意力,我们需要在泛滥的信息源中有效地分配自己的注意力。阅读好书,阅读历久弥新的书、经得起时间检验的书,就是在一个自己陌生的领域,创造与比自己优秀的人进行交流的机会,尽管这种交流是无声的,但能帮助更好地了解别人和自我。我们必须阅读一些超越自己当前水平的资料,引发我们深度思考,让我们变得更有智慧。任何毫不费劲就能理解和消化的东西,特别是媒体铺天盖地的信息报道,大部分是一些新鲜而流变的东西,往往是为了吸引我们注意力以牟利。作为股市投资者、在不确定性环境下参与决策的人,应当尽量减少接触媒体。一年后就会被大众遗忘的东西,没必要过多占用自己大脑内存,应把学习的重点,聚焦到阅读历久弥新的东西上。我们阅读追求的是智慧,而不是流变的信息。阅读一定要读好书,著名作家马克·吐温曾经在《王子与贫儿》中说过一句名言,"不读好书的人与不会读书的人相比,也好不到哪里去。"什么样的书才算好书? 如果一本书能够经受时间考验,经历百年仍广为流传,那其包含的智慧,在未来几十年,大概率仍可传世。经常重读经典名著,缩小自己作为读者与作者之间的差距,与志同道合的书友进行交流,不仅增长知识,还增添生活的乐趣。

如何阅读一本好书? 首先从阅读目的上来说,不应以获得信息和娱乐为目的,应当是为了提升认知能力而阅读。阅读目的,往往就决定了你该如何阅读,会花多少时间,是跳读、初读还是精读。其次,从阅读方法上来讲,初读,要明白这本书是关于什么的,阐释的深度,是不是水平比自己高,能不能给自己启迪,如果是,想要将这本书化为己用,就展开精读,通过提问的方式,围绕自己的疑惑,在书中寻找答案。如果要更精进一步,就找出同一主题的一批书,进行比较阅读,找出书中观点、见解的异同,自然就浮现出一条能代表共同脉络的线索,结合自己的经验和理解,经过知识的重构,就能创造出属于自己的独立见解。最后,好书与好书之间,可能看起来彼此毫不相关,但他们之间可能通过一些普遍智慧或者共同线索联系在一起。原创思想者或者是颠覆式创新者,都有跨界读书的习惯。重要新知识的产生,往往是从外部破局的。跨界读好书,加深对来自主要学科的重要理论的理解,感受其中的共性和深刻,会让你吸收知识的能力越来越高,阅读能力越来越强,越来越能快速感受到不同书籍中观点的相互联系,最终会以更快的速度变得更聪明。

基础原理

　　基础原理,是指被公认的真理,也常被称为第一性原理。亚里士多德在两千多年前提出第一性原理的概念,将其定义为“认识事物的第一基础”。任何一个逻辑系统都有自己的第一性原理,不能缺失,也不能违反,它是公理的基本假设,是思维逻辑推演最为底层的基石,是决定事物最本质的不变法则,是许多道理的前提。道理和方法可能千百万,但基础原理却很少。我们要学习的无数方法和知识,都是基础原理的排列组合或者演绎推理。所以,获取智慧的高效方法,就是深度学习那些作为基础原理的伟大思想,坚持第一性原理思维方法,而无须记住无数的东西。第一性原理思维的重要意义还在于,时刻提醒我们分清知识的主次,聚焦思考的重点,把注意力集中在最基本的问题上。马斯克曾把知识比作大树,把基础原理作为知识之树的主干,主张在深入研究树叶之前,一定要了解它们的基本原理,也就是知识之树的主干,再了解大树枝,否则树叶将无枝可依。第一性原理的不可违反的特点,还可以帮助我们证伪一些似是而非的东西,当我们剔除错误的东西,这样我们才会愈加接近真理。

投资系统的第一性原理,是复利公式。探寻投资系统的基础原理,应回归投资的基本定义。关于投资,有以下几种主流论述,"投资的本质是追求风险和成本调整之后的长期、可持续回报""投资是通过透彻的分析,保障本金安全并获得令人满意的回报""投资是为了未来取得收益或资本增值而进行的当前资金支出""投资是将资源用于未来可能带来收益的活动"等等。"透彻分析""本金安全""长期可持续回报",构成了投资的关键词。投资的目的,是资本的保值增值。要实现这一目的,被所有投资者公认的、不可违反也不能缺失的基础性原则可以提炼为,"理性""确定性""可持续性",而投资应当坚持的这三项基本原则,可以全部统一并简化在一个复利公式之中。复利公式揭示了终值与初值之间的幂函数关系$(1+i)^n$,可量化评价投资效果。好的投资,i必须为正值,就是要追求本金安全的确定性,n应足够大,追求的是持续性。复利公式本身是数学,数学是稳定的,确保了决策的理性。复利公式很简单,但要深刻理解它的含义,并不容易。人类更容易理解线性函数,因为它的变化率是一个常数,描述的是简单比例关系,而幂函数的变化率,是变量,更反直觉一些。投资的第一性原理是复利公式,无论哪个流派的投资信徒,无论遵循哪种行为准则,都不会反对复利公式对投资取得好结果的指导作用。

价值投资主要原则,是增长确定性和长寿。价值投资的研究对象是企业,复利公式这一基础原理在企业层面体现为:i必须为正值,就是企业业绩必须确定性增长,n应足够大,就是企业要长寿,经营可持续性要好。为了探究增长确定性,沃伦·巴菲特提炼出"护城河"概念,有护城河的企业,至少在供给上处于相对优势或者垄断的情况下,产品更可能处于供不应求的状态,业绩增长就有相对确定性。为了研究企业经营可持续性,我们可以聚焦企业文化。企业文化好的企业,会经营得更持久。所以护城河和企业文化就成为价值投资学派研究的重中之重,实质是复利公式这个投资的第一性原理,在价值投资领域的具体拓展。或许其他的投资原则还有很多,但相对于增长确定性和经营可持续性这两项原则,是树枝与树干的关系。

趋势投机的主要原则,是趋势确定性和玩得久。趋势投机的研究对象是价格和成交量,复利公式这一基础原理,在价量层面体现为:i 必须为正值,就是量价反映的价格趋势方向,必须有确定性;n 应足够大,就是交易要能玩得久。为了探究趋势的确定性,技术派主要提炼出"否极泰来"和"盛极而衰"的周期拐点,在周期拐点区间,未来价格运动方向,具有相对确定性。为了能够玩得久,就必须重视仓位管理和及时止损,不豪赌,科学下注,而凯利公式,是在"玩得久"这一主要原则下,揭示科学下注的技巧。为防止意外,"及时止损"也是投机的一项重要原则,都是服务于"玩得久"这一主要原则。

何以为师

以榜样为师,作为激励自我的精神支柱。榜样的力量是无穷的,在模仿他、学习他、成为他的过程中,可以从榜样身上找到提升自我的动力。我们参与股市投资，接受教育，最重要的一点是先要找到杰出的榜样，让其指引我们，看他是如何学习的，如何吸收经验教训，如何克服困难，才拥有那些激荡人心的人生故事。如何选择榜样，完全取决于自己要追寻什么，如果要追求财务自由，长期赚钱多，那么巴菲特可能就是你的榜样；如果要做一名优秀的基金经理，那么彼得·林奇就可能成为你的榜样。我们要追求投资的成功，就必须选择那些做投资已经非常成功的人作为榜样。有正确的榜样引导，带着对榜样的欣赏，就会自然而然拥有榜样的品质，这些优秀的品质，会逐渐成为自己的习惯。可能有一些经验教训，纸上得来终觉浅，言传难以感同身受，需要与榜样面对面在一起，通过身教，感受到来自老师的指导。那么也可以寻找那些遇到同样问题但已经克服了困难的人，那些能够激励自己的人，从中选择榜样。榜样可以很好地弥补我们勇气的缺乏，当我们前进的动力难以保持时，需要以榜样的行为激励自己。如果没有榜样的成功来励志，我们可能甚至都不愿意走出自己的舒适区，在自我完善的道路上都坚持不到最后。

以智慧为师，作为自我受教的永续能量。有谚语称，"三分师渡，七分自渡""师父领进门，修行在个人"，在人生长河中，我们总有一天要离开老师，需要自己独立思考，去独立面对困惑。那时，我们可以继续从普世智慧①中寻找答案，以智为师，自我受教，持

----

① "普世智慧"（Worldly Wisdom）一词，出自查理·芒格的著作《穷查理宝典》（Poor Charlie's Almanack）。芒格认为，普世智慧是一种跨学科思维方式，不受限于学科之间界限，通过多学科重要理论交叉应用，能够帮助做出更明智决策。1994 年 4 月 14 日，他在南加州大学马歇尔商学院以"论基本的、普世的智慧，及其与投资管理和商业的关系"为题发表演讲，系统阐述了普世智慧的重要性。

续为自己注入智慧能量。普世智慧,是指能经受得起长久时间考验的通用定律。按时间尺度,普世智慧可以分层为三类,第一类是时间跨度 137 亿年的无机系统科学,从宇宙大爆炸开始,涉及整个物理世界,包含所有数学和物理定律;第二类是时间跨度 35 亿年的有机系统科学,从地球上生命诞生开始,包含整个生物史涉及的科学规律;第三类,是时间跨度 2 万年的人类社会科学,包含所有人类行为记录的总结。其中第一类,被称为硬科学,最为可靠,可以精确地指导我们作出更理性的决策;第三类,被称为软科学,是复杂系统,暂时只能提供模糊指导提升决策的有效性。而投资学理论,仅仅是第三类科学中的一个小分支,只有两百多年的历史。如何更高效地以智为师,在投资界,查理·芒格提出了多元思维模型网络的方法。芒格认为,通过对数学、哲学、物理、化学、生物学、史学、心理学等多门学科的一系列不同思维模型的互联互通,在相互交叉过程中,从每一个领域提取重要的思维模型,结合投资关键思想,形成连贯理解,产生交叉学科的协同效应,会帮助投资者作出更理性、更有效的决策。

以戒律为师,作为自我修行的行为准则。"以戒为师",强调了戒律在修行中的重要地位。在佛教中,戒律被视为修行的基础。佛陀告诉弟子们,在他入灭之后,戒律将成为他们的老师,就如同他在世时一样。戒律不仅防止信徒做出有害的行为,而且帮助信徒在道德上自律,从而促进内心清净和精神境界提升。在投资界,芒格曾说过,"如果我知道在哪里会淹死,我就不会去那个地方",这种使用排除法的选择性参与,有助于投资者避免不必要的风险和发生永久性损失,更容易作出正确选择。"以戒为师"对于投资者的意义还在于,当面临着各种诱惑和贪欲时,坚持戒律,可以帮助建立起正确的投资习惯,帮助投资者在复杂多变的市场中保持清醒的头脑,保持内心的平静,作出理性决策,提升投资成绩。例如,戒除赌性、感性、过度焦虑等,可以显著降低犯错率。以戒律为师,通过持戒,有所不为,控制自我,投资者还能够培养出定力,进而发展出智慧,最终达到超脱,进入平常心境界。投资成功并不取决于你了解的东西,而是取决于你能否恪守纪律,不为你不了解的东西所动。巴菲特用"能力圈"概念定义自己的行为准则,能力圈之外,有所不为。

刻意练习

　　刻意练习的目的是缩小"行为差"。刻意练习,是指一种有目的、有计划、有系统的重复训练方法,专注地持续进行科学化的高强度训练,通过重复和专注来提高技能。一位心理学家在研究运动员、音乐家、棋手等专业人士时发现,他们的成功并非完全依赖天赋,有一定程度是通过刻意练习获得。通过专注练习、提升难度、及时反馈、持续改进、重复练习等,有意识地让训练内容形成神经记忆,进入大脑潜意识层,用训练过的意识,覆盖原来大脑中留存的潜意识,从而改变行为习惯。在信息化高度发达、人工智能分析能力越来越强的今天,"信息差"和"认知差"消失得很快。今后,好的投资者,可能是那些具有行为优势的人。经历过刻意练习的人,相较于没有经过训练的人,可以产生"行为差"。这种行为差,可以理解为知与行之间的鸿沟。道理都明白,但就是不能自控,行为受到原始情绪的支配。要保持相对竞争优势,利用好"行为差",就必须有针对性地、专注地进行刻意练习。

最小练习强度,是追求卓越的代价。卓越,是一种习惯。要卓越,不仅仅是天赋问题,还在于刻意练习的强度,解决熟能生巧的问题。掌握某项复杂技能,需要一个最小的练习临界量(10000 小时)。一万小时定律,在专业研究中多次出现,至今未发现任何一位世界级的专家在其专业领域的学习训练时间小于 10000 小时。以交易员练习技能为例,如果每天练习 4 小时,要满足 10000 小时定律,得有 2500 个交易日,基本上需要十年左右才能完成,"十年磨一剑"。似乎大脑的潜意识必然花这么长时间,才能吸收所有它需要知道的知识,才能在某个领域达到精通的程度。尽管一万小时定律不是一个绝对的规则,但是它提供了一个指导性的框架,提醒我们,要成为某一领域的卓越专家,持之以恒地大量练习必不可少,同时也激励我们,专注地持续努力超过 10000 小时,我们就有可能成为某个领域的专家。

操盘日记和交割单,就是帮助行为矫正的教练。技能训练过程,往往需要一名教练来指导。教练的意义,不仅仅在于帮助我们制订训练计划,更为主要的作用,是从第三视角高效地发现行为存在的问题,及时指出并帮助我们矫正自己的错误行为。高尔夫球练习,与击球瞬间的肌肉记忆有关,光看击球教程分解动作,是做不到击球准和稳的。但对于投资交易,实践中很难请得起一名高水平的教练来观察自己的交易行为,你甚至都鉴别不了谁是真正高水平的教练,即便机缘巧合有这样一名教练,教练也无法及时知道你交易时的心理状态。比较现实的做法,是将自己的操盘日记和交割单结合在一起,作为自己复盘时的教练,效果类似于看录像回放。哪些交易是后悔的、冲动的、错误的,哪些交易就可作为发现自己错误的线索。同一类型错误经常出现,就是要矫正的坏习惯。操盘日记的作用在于,拟定计划,记录决定交易或放弃交易机会时的心理状态、决策的依据和理由,收盘后,冷静下来,总结自己盘中随机应变存在的问题。自己的错误和愚蠢就是最好的老师,吃一堑,可以长一智。每一名投资者在学习训练中,都要重视操盘日记和交割单这名教练的作用。

终身学习

终身学习,不仅是为精进,更是为不落伍。终身学习的好处,不仅是产生知识的复利,自我精进,更是要确保自己不落伍。如果不能终身学习,发现变化,理解变化,就不能很好地应对变化,终将被变化所淘汰。从投资思想史的发展历程就可以看出,尽管伟大的思想家们为我们构筑好了思想通道,但时代的背景一直在变,所有广为流传的投资理论,都有时代的局限性,我们只能吸收其思想的内核,无法完全套用其给定的具体方法。特别是颠覆式创新对传统竞争优势的降维打击,使得原有护城河的保护显得毫无用处。随着人工智能时代的来临,投资者之间的"信息差"和"认知差"将迅速"平权",已经为公众知晓的知识都将非常便利地被共享。不终身学习,不了解前沿科技的进程,不了解世界必然发生的变化方向,以及不关注变化的进程,我们就无法知道,我们所坚守的不变的投资原则,以及我们所拥有的优势,是否已因环境变化而发生了动摇。为什么要强调终身学习,还有一个原因,就是知识本身也正在以指数级增长,停止学习,就意味着自己会被时代和新知识所抛弃。

普世智慧,是投资思想的地基,永远是学习重点。我们投资框架体系的建立,得有一个牢固的地基。一个放之四海而皆准的投资地基,应当是可以跨越人类、有机、无机地质年代,经历过超长时间检验的普世智慧。在投资系统,可以与世界接轨,唯一可以找见的基础性原理,就是数学公式中的复利。复利,不仅仅适用于投资,也适用于持续学习,不会因研究对象的不同而改变。研究价格、研究心理、研究企业、研究风险所分化出的所有不同投资流派,都应从复利这个投资地基去搭建自己的投资框架体系。各投资流派分支的框架,都是在各自角度,如何具体去解决"i值增长率确定为正数和n值指数足够大",本质都是在解决增长确定性和发展可持续性的问题。在搭建投资框架体系时,每一个思想分叉的"枝桠",都应尽量用普世智慧去检验,是否与普世智慧相违背。芒格在其著作中所主张的多元思维模型,覆盖了经济学、心理学、物理学、工程学等众多学科,已经为我们初步整理了与投资系统相关的一些普世智慧。任何一个追求卓越的投资者,闲暇时都应将普世智慧作为阅读和学习的重点,站在巨人的肩膀上精进。

科技进程,是感知时代变化浪潮的重点。知识指数级增长的成果,就是科技的日新月异,表现为科技显著并日益加速地改变人类社会和生活。人类又是需求的来源,有了集中需求,才会有商品化供给，而商品供求之间的平衡关系，又是导致价格现象发生的原因。要想投资获利，需要预见价格的上涨，就要了解供求平衡关系，就要从供给侧和需求端分别了解科技的进展。科技在大大改变需求，或者在改变需求的载体，导致提供商品的企业，也不得不顺应需求的变化。顺应不了的企业，产品供大于求，丧失交换价值，就会被社会所淘汰。以飞行汽车为例，人类希望缩短通勤时间，解决道路拥堵，就有了未来对飞行汽车的大量需求，尽管科技进展已经可以在技术方面满足这样的需求，但因性价比不高，成本尚未出现显著下降，这种未来需求，就暂时无法大量转化成现实需求，需要等待成本的大幅下降，一旦达到临界点，需求出现井喷之势，就会形成商品的供不应求，相关企业的股票就可能出现价格大幅上涨的现象。科技进程看似与投资无关，但科技进程是我们感知时代浪潮的重点，也是我们尽早发现伟大企业的关键。

教材精选

读书，一定要读经典好书，最好是投资大师的亲笔著作。转述伟大思想的二手书，尽管也有少数好的作品，但可能夹杂着作者对原创思想的曲解。

针对与投资相关的著作，我精选了十本经典，推荐给读者。从阅读顺序来看，建议先从投资大家亲笔撰写的通俗易懂的书籍开始，初步了解一下投资学习的重点，培养好奇心，但仅模仿学习别人的投资经验，还是远远不够的，需进一步深入学习，建立属于自己的投资框架体系,理解原则的重要性。地基和框架获得之后,在著名投资家的亲自指引下,像使用"显微镜"一样,再深入了解周期理论和微观市场结构,继续把有关疑惑研究深,研究透。随后,还得拥有一部"望远镜",将知识体系拉升至宏观经济的研究范畴。最后仍要落脚到价值投资和伟大企业基因的研究上。十本经典,简介如下:

《投资最重要的事》,该书是一本通俗易懂的书,是国际橡树资本的创始人霍华德·马克斯的亲笔著作,业余投资者也能从中获益。该书提倡"逆向投资"和耐心等待机会的理念,强调了价值投资的重要性,指导投资者如何通过深入分析公司基本面来寻找被市场低估的投资机会,如何控制情绪,如何更好地识别和控制风险等。

《原则》,这是一本梳理思考框架的书,是美国桥水基金创始人瑞·达利欧的亲笔著作。它提供做选择的方法论,总结了作者自己生活和工作中的经验与原则,既是投资从业者的指导手册,也是人生深度思考的哲学书。阅读该书的意义在于,不仅可以向成功的投资大家借鉴一套实用的生活和工作准则,还可以从中获得启发,发展出自己的原则体系,而原则是我们构建投资框架体系的基础。

《周期》,这是一本理解周期循环往复的书,也是国际橡树资本的创始人霍华德·马克斯的亲笔著作,该书普及多个层面的周期知识。阅读该书的意义在于,它能够帮助理解市场波动的内在逻辑,辅助作出更明智的决策,在周期波动中寻找投资机会,规避风险,提高投资效率。该书还能教导投资者如何识别和应对不同的周期阶段,告诉投资者在面对周期时应保持何种心态,学会在周期的不同阶段采取不同的投资策略。

《金融炼金术》,这是一本从认知角度理解金融市场的哲学书,是国际资本大鳄乔治·索罗斯的亲笔著作,也是他首次提出"反身性理论"的大作。该书认为市场参与者的思维与市场之间相互作用,彼此影响,参与者的认知受到市场的影响,永远处于变化之中,而参与者的思维直接影响到市场,又造成市场的不确定性。该理论挑战了传统的有效市场理论,间接指出了社会科学和自然科学的不同范式,可帮助投资者理解认知操纵现象。

《股票大作手回忆录》,是一本采访和记录美国最伟大的股票投机客利弗莫尔投资故事的小说,讲述了大操作手的投机技巧。阅读该书的意义在于,该书提供了对股市投机行为的深刻洞察,以及对市场心理和投资策略的见解,对于理解市场运作和投资者行为模式有着启示作用。是市场趋势投机者的必读教材。

《就业、利息和货币通论》,这是一本帮助投资者理解宏观经济的书,是 20 世纪最有影响力的经济学家凯恩斯的奠基宏观经济学的经典著作,它为政府应对经济危机提供了视角和政策建议,提高了公众对经济问题的认识。该书提出了宏观经济的基本框架。巴菲特在接受采访时曾特别推崇过该书的第 12 章。凯恩斯指出,大多数专业投资者和投机者,主要关心的不是对一项投资整个生命周期的可能收益率作出卓越的长期预测,而是先于普通公众,在短时间内预测传统估值基础的变化。阅读该书的意义还在于培养对政府宏观调控的预见力,帮助投资者如何避险金融危机。

《聪明的投资者》,是"现代证券分析之父"本杰明·格雷厄姆的经典之作。该书面向个人投资者，明确了投资和投机的区别，帮助指导在投资策略的选择和执行方面作出更明智的决策。阅读该书的意义在于，该书提供了投资原理和投资者态度的指导，阐释了价值投资的基本原则，强调了安全性、合理期望和风险管理。

《怎样选择成长股》，是被誉为"成长型投资之父"的费雪的经典之作。该书归纳了寻找好股票的 15 个要点，帮助投资者识别和选择有潜力的成长股，提供了一套系统的投资理念和方法，强调了长期投资的重要性，以及与竞争对手、供应商、客户进行非正式交流来获取公司信息的重要性，并提出了投资者的"十不原则"，帮助投资者避免常见错误。

《巴菲特致股东的信》，这是"股神"巴菲特亲自撰写给股东的信件汇编，讲述了巴菲特的投资理念和管理智慧，该书涵盖了公司治理、财务策略、税务规划等多个方面，原汁原味向读者展示了如何在不同市场环境中做出明智的投资决策，并通过对企业的深入分析，提供了评估企业价值和潜力的方法，也教导读者如何识别和控制投资风险，可帮助投资者理解价值投资的基本原则。

《基业长青》，这本书是经典的管理学书籍，对管理和领导力产生了深远影响。主要研究长期保持卓越表现的公司如何保持基业长青，阐释了企业文化对于维护一个企业长期成功的重要性。伟大的公司必须有利润之上的追求，创始人通常致力于建立一个持久的组织（造钟），而不仅仅是抓住时机推出一个成功的产品（报时），对企业在不断变化的市场环境中保持竞争力提供了策略和原则。阅读该书的意义在于了解伟大企业的特质。

如果有志于成为一名投资大家，还要去广泛阅读最有智慧的先贤著作,了解伟大的思想,以智为师,建立自己的多元思维模型网络。可能这些读物,表面看与投资无关,但包含的智慧养分,有利于我们了解世界、了解自己,提升投资决策质量。另再推荐六本补充读物。

《错误的行为》,这本书是诺贝尔经济学奖得主理查德·塞勒在行为经济学领域的经典著作,该书提出了心理账户概念,探讨了人们在自我控制和延迟消费方面的行为模式,挑战了传统经济学中的理性人假设,深入浅出地解释行为经济学原理和应用,对投资决策有很大启发和影响。

《思考,快与慢》,这是一本由诺贝尔经济学奖获得者、美国心理学家丹尼尔·卡尼曼所撰写的著作,是跨学科研究的典范,主要在决策制定问题上进行了开创性研究。这本书深刻地揭示了人类思考的两种模式——快思考和慢思考。快思考模式往往容易受到情感和刻板印象的影响,导致决策的不理性。慢思考则更有可能产生理性的、深思熟虑的决策。书中还深入研究了人类在决策过程中的认知偏差,提供了对人类思维的深刻洞察,还为提升我们的决策质量提供了实用的工具和策略。

《动机与人格》,这是著名心理学家马斯洛关于需求理论最为经典的书籍,该书提出了著名的需求层次理论,将人的需求分为五层(生理、安全、社交、尊重、自我实现),从最基本的生理需求到最高层次的自我实现需求,帮助我们理解不同人存在的需求层次是不一样的,会表现出不同的动机,从而影响他们的行为决策。需求研究,影响到社会、经济、商业、企业管理的方方面面,该理论在多个人文学科都产生了深远影响,有助于投资者深入理解人类需求和行为动机。

《自我与本我》，这是著名心理学家弗洛伊德的经典之作。这本书提出了人类本能和冲动，以及本能满足带来的快乐，讨论了个体在集体中的行为与独处时的差异，人在集体中的行为更多受情感驱动，而非理智，并解释了原因是受到人的群居本能影响，本能满足，会带来愉悦感。该书还重点讨论了人格结构，包括本我、自我、超我三个层次，提供了人类心智结构模型，对人的心理活动作出了革命性的描述，对心理学研究产生深远影响。该书有助于理解投资者行为。

《创新者的窘境》，是商业思想家、"创新大师"克里斯坦森的经典著作。该公司探讨了为什么管理良好、客户导向的好公司会失败。阅读该书的意义在于理解创新类型，避免创新陷阱，把握颠覆式创新带来的市场变化机会，鼓励跳出传统思维模式，从外看待创新。该书对希望在变化中寻求机会的读者极具学习和参考价值，特别是对价值投资者在理解长期价值方面大有益处。

《孙子兵法》，这是中国古代"兵圣"孙武所著的流传至今的一本军事理论著作，是一部超越时空的经典之作。该书提供了一套系统化的思维方式，帮助读者理解复杂情况并制定有效策略，对我们在现代商业竞争、企业管理、博弈谈判等方面都有深刻的启迪，具有普遍价值和哲学意义。该书强调知己知彼，对自己和对手均要有清晰认识，强调兵无常势、水无常形，教导读者如何在变化的环境中保持灵活性和适应性。该书特别对趋势投机者如何在交易和博弈中取胜具有极强的借鉴意义。

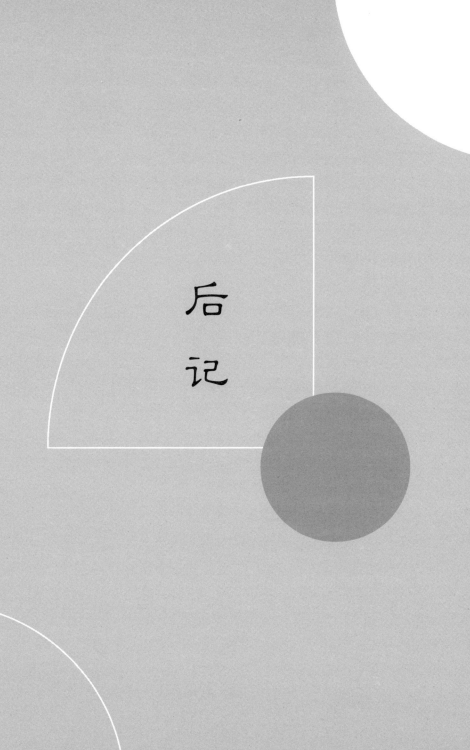

后记

本书向出版社交稿之时,恰逢中国股市迎来了行情的惊天大逆转,而就在半个多月前,教师节那天,出版社领导和老师与我在交大教师活动中心餐叙时,还谈及股市行情的低迷。当天下着小雨,中午收市单边下跌,作为刚已满仓的职业投资人,我以未来乐观直面当下惨淡。交谈中,被问及行情何时见底,答曰:慢则年底,快则本月。没想竟一语成谶。一周后,做空动能衰竭,随后在强政策刺激下,迎来报复性回升,全体股民感受到了久违的喜悦。

我事前并不知晓政策刺激会来得如此猛烈,但有充足的信心预见强政策和大行情一定会来。如果在股市已经形成一套科学投资框架体系,熟知周期,也能敏锐感知市场情绪,做出模糊的正确判断,在认知上并不是什么太困难的事。有关判断的方法和相关周期知识,在本书中其实都有提及。

行情火爆程度可能出乎大多数人意外,也产生了一个新现象,拥有先手优势的投资人,赚得盆满钵满,但后出手的,根本就买不到想买的好股票。慢半拍,没有先手,投资的结果就相差甚远。这一新现象已说明,我们所处的已经是一个“信息差”消失得很快,“认知差”又将被人工智能抹平的年代,唯有在知行合一方面做得比其他投资者更好,才可能保持相对竞争优势。投资者之间的“行为差”,将成为保持竞争优势的主要努力方向。行情演变加快带来的心理不适,在未来也可能成为常态。

本书已经浓缩了有关投资知识精华,也介绍了终身学习的方法,还推荐有顶尖投资大家的亲笔著作供延展阅读。关于对股市的认知,我也不可能比投资大师们总结得更好。再强调一点投资之外的东西,就是关于投资者心理。我在最后一章推荐的6本补充读物中,就有3本是伟大心理学家的经典著作,可见对投资心理的重视。只有深入了解自我心理、他人心理、市场群体心理,了解认知偏差产生的原因,才能通过长期训练,协调好自己身心,迅速作出理性决策,最终达到知行合一的投资境界。即便你是一名长期价值投资者,也不要低估情绪对自己的影响。

本书最早初衷是写给女儿,帮助她学习投资,梳理知识框架,因种种原因,耽搁了两年。此前每两年就给她写一封信作为生日礼物的重要部分。今年开始,就将这本书浓缩成十封信,所有要讲的、重要的话,一次性讲完。"期待二十年后的你,通过投资,实现百倍财富增长,自由自在地生活,成为更好的你。加油!生日快乐!"

最后,愿所有读者养成终身学习的好习惯,能够保留住大行情的胜利成果,对市场永怀敬畏之心。要感谢楚茜女士在本书写作过程中的大力支持,感谢上海交通大学出版社的宝贵建议,感谢复旦大学国际金融学院钱军院长、施东辉教授、香港中文大学江文熙教授、著名基金经理但斌先生、知名天使投资人董占斌先生的鼓励。有了他们的支持和帮助,本书才得以顺利出版。在此一并致谢。